编委会

主　编：丁书鑫

副主编：李晓成　　卜坤莹

编　委：（排名不分先后）

于晓静　于海莲　于继开　于　涵　马军艳

马志珍　马建新　王文清　吴　勇　沙　媛

赵　珂　拜艳丽　谢　彬　惠学锋

打鞄牛

DA PAONIU

主编 ○ 丁书鑫　　副主编 ○ 李晓成　卜坤莹

黄河出版传媒集团
阳光出版社

图书在版编目（CIP）数据

打耖牛 / 丁书鑫主编 ; 李晓成, 卜坤莹副主编.
银川 : 阳光出版社, 2025. 3. -- ISBN 978-7-5525
-7784-6

Ⅰ. G852.9
中国国家版本馆CIP数据核字第20257028F1号

打耖牛 　　　　　　　　　丁书鑫　主编　李晓成　卜坤莹　副主编

责任编辑　金小燕
封面设计　王　烨
责任印制　岳建宁

出版发行　阳光出版社
地　　址　宁夏银川市北京东路139号出版大厦（750001）
网　　址　http://www.ygchbs.com
网上书店　http://shop129132959.taobao.com
电子信箱　yangguangchubanshe@163.com
邮购电话　0951-5047283
经　　销　全国新华书店
印刷装订　宁夏凤鸣彩印广告有限公司
印刷委托书号　（宁）2500698

开　　本　787 mm×1092 mm　1/16
印　　张　7.75
字　　数　150千字
版　　次　2025年3月第1版
印　　次　2025年3月第1次印刷
书　　号　ISBN 978-7-5525-7784-6
定　　价　56.00元

前言
Preface

在宁夏，有一个名叫泾源的地方，这里有一种深深根植于民间、充满历史韵味的体育游戏——打鞭牛。这种游戏的起源可以追溯到数百年前，放牛娃们在广袤的草原上，利用放牧的间隙，创造出了这种独特的娱乐方式，他们亲切地称之为"打鞭牛（毛蛋）"。这不仅仅是一种游戏，更是劳动人民智慧的结晶，是他们与自然和谐共处的生动写照。

随着时代的演进，非物质文化遗产的保护工作日益受到国家层面的重视。在这一背景下，泾源县政府及相关文化部门敏锐地认识到了这一传统游戏的深厚价值。为了响应国家级非物质文化遗产普查的号召，文化馆的工作人员深入实地，对打鞭牛（毛蛋）这一传统游戏进行了详尽的研究与挖掘。经过多年的不懈努力，规范了该游戏的竞技动作和规则，既保留了其传统特色，又增强了竞技性。

2015 年 6 月，经过精心策划与准备的打鞭牛项目首次亮相宁夏第八届少数民族传统体育运动会，凭借独有的魅力与激烈的竞技性，荣获室外竞技类表演项目二等奖，赢得了观众们持续不断的热烈掌声与高度评价。同年，在第十届全国少数民族传统体育运动会期间，泾源打鞭牛更是大放异彩，成功获得竞技类表演项目一等奖，充分展现了其丰富的文化内涵及深厚的群众基础。

打鞭牛这一宁夏泾源的瑰宝，已成为中国非物质文化遗产保护的典范，其独特的民间游戏价值无比珍贵，值得我们珍重并努力传承。

本教材采用模块化和任务导向的编排，全面揭示打鞭牛非物质文化遗产的核心价值，符合中等职业教育对灵活性和多元性的需求。非物质文化遗产进校园也响应了黄河流域生态保护和高质量发展的战略部署，加强非物质文化遗产保护与传承，推动其在校园的广泛传播和创新转化。

一、教材定位与目标

（一）传授技艺精髓

本教材系统阐述打鞭牛游艺的规则与玩法，引导学生从基础开始逐步深化难度，全面掌握这一传统技艺。我们期望通过实践教学，提升学生的动手能力与团队协作能力，同时锻炼其体魄与意志力。需要说明的是，本教材仅提供一般性指导，具体操作需依据实际情况和专业指导进行。

（二）开拓创新思维

鼓励学生在掌握传统技艺的基础上，勇于发挥创新思维，探索打鞭牛游艺的创新发展路径。教材设置创新训练环节，激发学生对传统游艺进行现代诠释的兴趣与能力，使其成为连接传统文化与现代生活的桥梁。

（三）突显地域特性

本教材深入探究了泾源地区的独特风貌，将打鞭牛游艺与当地的自然环境、历史底蕴以及民俗特色紧密结合。通过翔实的图文资料展示，学生能深刻体验到泾源地区的独特魅力，从而更加珍视自己的家乡。

（四）增进文化认同

本教材旨在成为中等职业教育阶段学生全面认知与深度体验家乡泾源非物质文化遗产的重要载体。通过学习泾源非物质文化遗产打鞦牛，深化学生对家乡文化的理解，激发对本土文化的尊重与自信。我们坚信，对自身文化的理解与传承是学生全面发展不可或缺的内容。

（五）提升非物质文化遗产保护意识

本教材结合泾源打鞦牛游艺的历史与现状，引导学生认识非物质文化遗产保护的紧迫性与重要性。通过案例分析与讨论，帮助学生掌握非物质文化遗产传承的策略与方法，培养其对非物质文化遗产保护工作的责任感与使命感。

二、教材特点

（一）适应个人需求的学习架构

本教材采用模块化设计，使学生能够根据自身的兴趣和学习进度，自由选择学习模块，以实现学习的个性化和灵活性。

（二）理论与实践的有机结合

本教材融入了互动问题、案例分析及实践项目，旨在提高学生的参与度，通过实际操作，增强学生对打鞦牛游艺的理论理解与实践能力。

（三）技术与文化的深度交融

本教材深入研究泾源地区的历史文化，将打鞦牛游艺的技艺与地方特色文化紧密结合，使学生在学习技艺的同时，也能深刻理解其蕴含的文化价值。

（四）传承与创新的双重培养

教材重视非物质文化遗产的传承教育，激发学生的创新思维，鼓励他们在尊重传统的基础上寻找创新点，以培养他们对非物质文化遗产文化进行创新性表达的能力。

本教材的编写得到了文化和旅游部技术技能大师工作室高级导游赵珂，宁夏金牌导游工作站康淑琴、杨启兆的鼎力参与和编写，泾源县文化和旅游局、文化馆也给予深切关怀与大力支持，在此，表示衷心的感谢。同时，也要向出版社的编辑团队致以诚挚的谢意，感谢他们为教材的出版所付出的努力。

本教材编写过程中，我们广泛参考了大量优秀教材、专著、报纸杂志以及网络资料。然而，由于篇幅所限，部分文献未能在参考文献中详细列出，对此我们深感歉意，并向这些著作的作者表示由衷的感谢与敬意。

我们深知，由于时间紧迫且编者水平有限，书中难免存在不足之处。在此，我们恳请各位专家及广大读者不吝赐教，提出宝贵的批评与建议，以便我们不断改进与完善。

编者

2024 年 8 月

目录 /Contents

1

第一部分　理论篇

项目一　民间游戏概论

导读

本项目详细阐述了民间游戏与"牛文化"在中国传统文化中的重要地位，涵盖了民间游戏的起源、演变、特性及分类，以及牛在历史、农业及民俗中的象征意义和作用。通过对民间游戏如赶牛、打鞭牛等形成条件的深入分析，揭示了民众对牛的深厚情感及敬畏之心，并探讨了这些游戏与文化所蕴含的社会历史及人文价值。

学习目标

【知识目标】

1. 深入领会民间游戏的定义、特征及其在历史文化中的重要地位。

2. 熟练掌握民间游戏的主要类型和具有代表性的实例，理解其多样性。

3. 掌握民间游戏的起源、发展历程及其与社会和人类生活之间的相互关系。

4. 从社会、经济、文化等多个维度，探究民间游戏产生的多种因素。

5. 深入研究并详细列举传统民间游戏的种类，例如竞技类、智力类、习俗类等，掌握其规则和玩法。

【技能目标】

1. 培养并锻炼学生观察与研究的能力，以便能搜集民间游戏的相关资料。

2. 通过亲身实践，掌握民间游戏的基本玩法，进而提升团队合作与沟通的技能。

3. 能够对各种民间游戏进行辨识并分类，通过细致地比较与分析，掌握民间游戏活动的技巧，深入体验游戏过程，从而领悟其深层价值。

【素质目标】

1. 通过参与和分享民间游戏，提高社交能力。

2. 增强社区归属感及团队合作精神。

3. 在组织和参与各类游戏活动中，提升团队合作能力与社交技巧。

4. 深入理解民间智慧，传承游戏中蕴含的优秀价值观。

【案例导入】

丢沙包

四方方，几块布，缝在一起做玩具。

这个玩具真好玩，能抛接来能投篮。

不仅双腿夹着跳，还可单脚踢着跑。

花样多多尽管玩，小朋友们都喜欢。

丢沙包是一个经典的群体性游戏。沙包一般用碎布块缝成，用细沙或谷类填充。可在规定场地内前后各站一名投手，用沙包投击中间的对方队员，被击中者受罚下场，若投出的沙包被对方队员接住，则此人可以增加一条"命"或者让其一个已"阵亡"的队友重新上场。沙包游戏长期流传，玩法多样，有丢沙包、夹沙包、顶沙包等，能促进少年儿童身心协调发展，在其成长中起着不可低估的作用，是特别有益的活动，受到广大少年儿童的喜爱。

一、所需道具

沙包：通常用布料制成小袋子，内填充沙子或谷类，确保安全无毒且不易破裂。

参与人数：2人以上，建议3~10人。

二、游戏规则

1. 分组：将参与者分成两组，一组为投掷组，另一组为躲避组。

2. 站位：躲避组的成员站在长方形场地的中间，投掷组的成员站在场地的两端。

3. 开始游戏：投掷组的成员轮流向躲避组的成员投掷沙包，目标是击中对方；躲避组的成员需要尽量躲避投掷过来的沙包，避免被击中。

4. 击中规则：如果躲避组的成员被沙包击中，则该成员出局，暂时离开场地；如果投掷的沙包被躲避组的成员接住，则该成员多一条"命"，或者救一位队友上场。

5. 轮换：当躲避组的所有成员都被击中出局后，双方交换角色，原投掷组成为躲避组，原躲避组成为投掷组。

6. 胜负判定：游戏可以设定一定的时间或回合数，最后根据每组成员被击中的次数来判定胜负，被击中次数少的一组获胜。

三、安全提示

1. 确保沙包制作牢固，避免填充物漏出或沙包破裂。

2. 游戏过程中，玩家应保持适当距离，避免碰撞。

3. 在硬地面上玩时，注意防止踩沙包滑倒造成伤害。

通过打沙包游戏，孩子们可以在快乐地玩耍中提高身体的协调性和敏捷性，同时增强团队合作和竞争意识。

资料来源：《咱们的老游戏：传统民间游戏的传承与创新》

江苏人民出版社，2022 年

任务一　民间游戏概述与发展源流

在岁月的长河里，有一种快乐叫作民间游戏，它如同璀璨的星辰，点缀在华夏大地的夜空。丢沙包，踢毽子，捉迷藏，跳皮筋，打陀螺这些简单的称谓，都是童年的记忆，是我们心中最纯真的喜悦，是最轻松、最自然的欢笑，是流淌在血液中的欢乐基因，也是乡愁的载体，是祖祖辈辈流传下来的文化瑰宝。无论时代如何变迁，那些游戏，那些笑声，始终烙印在我们的记忆深处，温暖着每一个平凡的日子。

民间游戏是一种文化现象，源于民众生活，反映百姓的智慧及其与环境、社会的互动。宁夏泾源县的体育非物质文化遗产打鞭牛，源自民间游戏"打毛蛋"。随着城镇化进程，这项民间游戏逐渐被遗忘。得益于我国对非物质文化遗产的保护，在泾源文化馆、非物质文化遗产中心等部门不懈的努力下，成功抢救并保留了这项游戏，并申报为自治区级非物质文化遗产项目。

民间游戏的诞生，源于人们对日常生活的真实体验和深入洞察。这些游戏可能表现为对农业劳动、狩猎等实际活动的再现，也可能以寓意的形式表达对社会结构、人生智慧的见解。例如，中国的"打陀螺"游戏，起源于远古的狩猎习俗，既能够增强体质，又在娱乐中蕴含了协作精神和公正竞争的道德理念。"捉迷藏"游戏，其规则看似简单，却蕴含了对空间意识的启蒙、对策略思维的激发，以及对社会规范的初步认识。"打鞭牛（毛蛋）"游戏，反映了泾源当地的农牧业发展，以及百姓对牛的喜爱。这些游戏在广大人群中口口相传，历经岁月的沉淀，不断演化和充实，形成一种特有的文化传统。它们在潜移默化中影响着民众的行为规范和价值取向，进而成为社会文化生活不可或缺的元素。

全球民间游戏丰富多样，有助于文化交流，但不少民间游戏面临失传风险，保护和传承这些游戏迫在眉睫。我们应通过教育、研究和数字化等手段，提高公众对民间游戏的认识和兴趣，确保它们得以传承，维护文化记忆。保护民间游戏是我们的共同责任，也是对文化多样性的尊重和维护。

一、游戏概述

（一）游戏的来由

游戏，是人类活动的重要部分，自古以来以独特魅力和深远影响持续流传，被赋予了更深层次的含义。游戏不仅是消遣，也是教育策略和生活智慧的载体，更

是一种文化现象。通过游戏，我们可以更近距离地了解某个国家或社区、某个民族或种族、某个历史时期的文化甚至是整个社会的文明发展程度。

《礼记·学记》记载："藏焉，修焉，息焉，游焉。"这揭示了古人对学习与游戏的见解，即在深入学习的同时，也需要通过游戏来舒缓身心，恢复精力。清代崔学古依据自己的蒙学教育实践经验撰写的《幼训》中强调游戏对儿童教育的重要性，主张"优而游之，使自得之，自然慧性日开，生机日活"，意思是儿童凭借自己的意愿活动、玩耍，其天性、气质自然而然会得到发展，人也会越来越有活力。他认为游戏能促进儿童自由探索，发展天性，激发智慧和活力，倡导尊重儿童自然成长规律，反对过度规范，提倡在自由游戏中培养儿童全面能力。

在当今社会，游戏的教育价值已受到深入研究。瑞士著名儿童心理学家让·皮亚杰在其著名的儿童认知发展四个阶段理论中强调，游戏在儿童认知发展中扮演关键角色。儿童能通过游戏模拟现实，帮助他们理解并适应环境，进而促进思维、情感和社会技能的进步。此外，教育学也认可游戏在培养儿童创造力、团队协作能力和问题解决能力方面的贡献。

（二）游戏的本质与价值

古希腊哲学家亚里士多德认为，游戏是劳作后的休息和消遣，是生活的一种补充和平衡，具有休闲和恢复的功能。他将其置于人类活动边缘，为生活中的乐趣和平衡提供理论支持。

康德视游戏为自发性活动，强调内在目的性和自我驱动性。他将游戏分为广义游戏和狭义游戏。广义游戏包括心智活动，如思考、探索、创造，能丰富知识、提升智慧；狭义游戏则以情感体验为主要目的，如音乐、戏剧、体育竞技，能激发情感，带来愉悦。

青岛大学教授、民俗学家郭泮溪从文化和社会角度研究游戏，将民间游戏定义为大众生活中的娱乐活动，是"玩耍"的形式。这种玩耍涵盖了康德的广义游戏和狭义游戏，包括情感体验和心智活动。游戏不仅提供休闲，也传承文化，增强社区凝聚力，反映社会风俗和价值观。

二、民间游戏的形成条件

民间游戏是人类文化的重要组成部分，其发展历程深受历史背景的影响。这些游戏宛如历史的镜片，映射出不同地区、各个社会时期的传统习俗与思想观念。以下从三个维度揭示民间游戏所承载的历史背景的复杂性与多样性。

（一）地理环境

地理环境的多样性对民间游戏的多样性产生了决定性影响。例如，广阔的草原生态环境孕育了摔跤运动，这种运动不仅是力量与策略的体现，也是对生存技能的一种传承。江南水乡的环境催生了龙舟比赛，此类活动既锻炼了参与者的团结协作能力，也成了祭祀和庆祝活动的核心部分。

（二）社会结构

民间游戏的演变深受社会制度变革的影响。在封建社会，游戏活动往往体现出鲜明的阶级差异，某些游戏仅限于特权阶层，这在本质上映射了社会的不平等。此外，社会制度也决定了游戏的传播范围和受欢迎程度，例如在农业社会中，与农事活动相关的游戏更易被大众接受。因此，民间游戏在本质上是反映社会历史变迁的一面镜子。

（三）经济状况

经济的发展是游戏创新与演进的重要基石。经济的盛衰直接关乎游戏的兴衰，例如，商业城市的兴起催生了赛马游戏的广泛流行。经济因素在无形中深刻影响着民间游戏的形态和内涵。

四、民间游戏的历史发展源流

民间游戏是人类文化的重要组成部分，其发展深受社会变迁的影响。从早期的模仿活动到现在的科技创新，民间游戏不仅充实了人们的休闲生活，也在无形中传承并发展了社会的集体记忆和智慧。

（一）原始社会

在人类社会初期，民间游戏往往是对生存环境的直观表达。石球游戏可能是对狩猎技巧的初步训练，舞蹈则可能是对自然力量的敬畏与模仿。这些活动在娱乐中蕴含教育意义，助力原始人类在艰难的生存条件下求生。

（二）农业社会

随着农耕文明的兴起，人类社会步入定居生活，游戏形式也日益多样化。拔河游戏可能源于农业生产中的团队协作，蹴鞠、赶牛、打鞭牛等体育活动则可能表达了人们对丰收的期盼和庆祝。这些游戏在娱乐中增强了集体的团结力，有助于社会的和谐稳定。

（三）工业社会

工业革命带来了生活方式的深刻变革，生活节奏加快，催生了室内游戏和竞技

游戏的兴起。围棋、象棋等棋类游戏锻炼了玩家的策略思维，纸牌游戏则在社交中引入了竞争与合作的元素。这些游戏在满足休闲娱乐需求的同时，也推动了智力和社交技能的进步。

（四）信息社会

科技进步引领了游戏形式的革新，电子游戏的普及改变了游戏的参与模式和体验感。然而，传统民间游戏并未因此消失。相反，随着世界文化遗产保护意识的提升，许多传统游戏在新的历史背景下得到了重新评估和传承。例如，中国的蹴鞠被列为世界非物质文化遗产名录，世界各地的民间游戏也通过各种方式得以保存和传播。

民间游戏的历史演变，是一部鲜活的社会发展史，它们在娱乐中传播知识，凝聚社群，彰显了人类社会的多样性和创新精神。无论过去还是现在，民间游戏都以其独特的魅力，丰富着我们的生活，启迪着我们的智慧。

【课程资源】

民间游戏概述与发展源流

【案例导入】

鞭牛——吴越地区的传统年俗

鞭牛，又称为鞭春牛或鞭春、打春，是源自吴越地区的传统新年仪式。在立春或春节之时，人们制作土牛以鼓励农耕，州县官员及农民会鞭打土牛，以此象征春耕的开始，祈求丰收，激励农事活动。该习俗可追溯至《周礼·月令》中的记载："出土牛以送寒气。"

据《昌黎县志》所述："立春前一日，于东门外塑造小芒神及春牛，全城官员前往迎接，鼓乐齐鸣，老幼纷纷围观，此谓之迎春。孩童则以线穿豆，挂于牛角，以期预防豆疹。次日，至规定时刻，土牛会被鞭打至碎，称为打春。"有诗句描绘此景："青牛驮小芒神，共往东郊观打春。一串豆珠挂牛角，自此无人患豆疹。"由此可见，鞭春牛不仅象征着春天的到来，还具有预防儿童豆疹的寓意。在昌黎，"鞭春牛""送春牛"的活动由官方主办，民众广泛参与，场面热闹非凡。

传说东夷族首领少暤氏带领民众迁至黄河下游，转向农耕生活。他的儿子句芒负责农耕事宜。句芒通过观察河边葭草灰烬浮扬来判断春天的到来，进而宣布开始耕作。然而，冬眠的耕牛不愿醒来工作，人们建议鞭打它们，但句芒反对虐待牛，只是象征性地鞭打泥牛以唤醒耕牛。耕牛被唤醒后便开始听从人的指挥进行耕作，当年取得了丰收，人们因此乐于农耕。此后，鞭春牛成为判断时令和耕作的习俗，句芒则被尊为督作农耕的神祇。在《山海经》等文献中，句芒被描绘成鸟身人面的形象。

资料来源：昌黎文化研究会《民间风俗之二·鞭春牛》2023年

任务二　民间游戏形成的原因及传统类型

民间游戏反映了人类社会不同时代的生活、思想和文化特色。民间游戏源自日常生活，是劳动人民在农耕、狩猎、祭祀等活动中的智慧体现，并在娱乐中传授社会规则、生存技能和团队合作技巧，同时传承了民族历史和文化认同。

一、民间游戏形成的原因

我国民间游戏历史悠久，源远流长，有的起源于远古，有的始于近现代。它们具有多元且复杂的特性，既普遍又独特。这些游戏的起源往往涉及劳动、生活、宗教、军事和娱乐等多个方面。

（一）生产活动

游戏源于劳动，即每种游戏都源于某种劳动活动。劳动先于游戏，是人类生存的基础。随着生产力提升，人类有了剩余精力，便将劳动转化为游戏。民间游戏源于生产活动，与古代人民生活紧密相连。

赛牦牛、赛骆驼、斗牛、赶牛、打尜牛等游戏源于畜牧业，是力量和技巧的考验，也是对祖先生活方式的纪念。"竹马"游戏在游牧民族中很普遍，孩子们模拟骑马，锻炼身体，传承生存技能。山地民族的"荡秋千"让孩子们在玩耍中学会空间认知，判断距离与方位，避开危险。南方瑶族的"独木滑水"竞技，展示了瑶族的智慧和勇气，也反映了他们与自然的紧密联系。江南地区的"摇快船"游戏源于蚕桑农事，增强了团队协作能力，促进了社区凝聚力。

（二）宗教祭祀

在人类早期，精神文化与原始宗教有紧密联系，体现在歌、舞与祭祀仪式的关联中。有学者提出，冀州的"蚩尤戏"可能是牛图腾崇拜的变异，而我国的"踢毽子"游戏则可追溯到古代的傩舞。

以爆竹为例，它起源于驱疫、逐祟的宗教仪式，后来演变成庆祝活动的一部分，同时保留了原有的文化内涵。宋代烟花的兴起进一步丰富了爆竹的娱乐性，丰富了现代儿童游戏，如"甩炮""摔炮"。

其他民间游戏如木棒娃和兔儿爷，也源自宗教元素，后逐渐转变为儿童玩具，传播了中华民族的传统文化。民间游戏在发展过程中，不断变革创新，既保留了传统文化，又赋予了时代特色，保持了持久的生命力。

（三）社会习俗

游戏研究者普遍认为游戏源于社会习俗，这些习俗是在民众中广泛流传并代代相传的行为模式。民间游戏是特定环境下生活习俗的体现，它们在民众生活中有深厚的根基。

《吕氏春秋·古乐》中记载了被后来的艺术史家们称为歌舞之祖的原始乐舞——葛天氏之乐："昔葛天氏之乐，三人操牛尾，捉足以歌八阕。"描述了我国早期民俗歌舞与生活娱乐的融合。这种活动与马家窑彩陶（如图1-1）图案中的短尾人形娱乐活动相呼应，证实了早期娱乐舞蹈与社会生活民俗的紧密联系。

图 1-1　马家窑彩陶

在原始社会，我国先民利用历法知识来适应生活。他们从感知时间到记录时间，进步主要源自对农事活动时间规律的理解。农作物季节性生长决定生产节奏，人们设定时间划分来遵循季节规律，这些日子有的演变成节日。最初，这些节日用于组织农事活动，后来加入娱乐庆祝元素，纪念农业社会的发展和人类心智的进步。

民间游戏反映了民众的生活习俗和文化，与特定时间和环境紧密相关，表达人们的生活和情感。民间游戏通常是集体活动，主要目的是放松和缓解疲劳。游戏规则在不同社会群体中是约定俗成的，包括玩法和时间选择等。冬季适合跳绳、踢毽子等游戏，有助于锻炼身体和增添乐趣。放风筝通常在春秋季进行，需要适度风力。耍花灯、猜灯谜、赛龙舟等传统活动则在特定节日举行，它们是节日文化的核心，承载着人们对传统的感情和记忆。这些民间游戏不仅是娱乐，也是对传统文化和民俗的传承，构成了共同的文化记忆和精神纽带。

（四）军事活动

《左传》里刘康公讲"国之大事，在祀与戎"，可见，军事行动对于古代国家具有至关重要的意义。战争的胜负直接关系到国家的兴衰存亡。在和平时期，锻炼士兵的战斗能力显得尤为关键。军队中兴起的两人对抗竞技游戏，虽然源自军事训练，但其形式较为自由。这些游戏逐渐流传至民间，成为民众效仿的对象，不仅用于锻炼身体，也为输送士兵打下了基础。角抵游戏便是其中的典型代表，它不仅成

为民众休闲娱乐的方式，还锻炼了民众的体魄，为专业技能的培养奠定了基础，其发展过程也体现了从军事用途向娱乐活动的转变。民间游戏的起源与军事训练紧密相关，这与德国生物学家、心理学家格罗斯的"生活预备"理论不谋而合，他从生物进化论出发，认为游戏不是无目的的活动，而是为将来生活做无意识的准备。例如，女孩玩娃娃即是为将来做妻子、做母亲养育子女做准备。该理论强调游戏的训练功能，对于深入理解游戏的本质具有重要的指导意义。

民间游戏与军事训练均强调规则与秩序的重要性。尽管游戏的参与是自愿的，但每项游戏均设有严格的规则体系和角色分配，参与者必须承担相应的权利与义务。在既定的框架内，游戏活动培养了参与者遵守规范、尊重他人以及与他人和谐共处的意识。游戏一旦开始，所有参与者必须遵守规则，否则游戏本身将失去存在的意义。

同时，民间游戏深深植根于地方的历史与文化之中。以浙江省宁海县的"拽石"游戏为例，据传与戚继光抗击倭寇时所采用的智谋策略有关。戚家军曾利用火把和拖拽石头制造假象，成功在中秋之夜对倭寇进行奇袭并取得胜利。因此，拽石游戏便成为纪念戚继光的活动，每年中秋时举行，逐渐演变成一种具有季节性的民间游戏。

二、民间游戏的特点

（一）随意性与灵活性

民间游戏在既定规则的框架内展现出极大的随意性，不受特定时空条件的约束，通常会利用周遭的物品作为游戏工具。例如，儿童们经常利用木棍、石子、树叶等自然物品即兴进行游戏，其中"走子"游戏颇具代表性。玩家使用石子或果核作为游戏道具，依照既定规则进行移动，既富有娱乐性，又能锻炼玩家的思维与策略能力。

（二）娱乐性与趣味性

民间游戏之所以能够经久不衰，根本原因在于其深具吸引力的娱乐性与趣味性，恰好迎合了儿童天生的好奇心与活泼的天性。游戏的趣味性不仅吸引儿童积极参与，而且促进了游戏的传承。游戏不仅为儿童带来了欢乐，还锻炼了他们的体魄，促进了智力的发展。因此，娱乐性与趣味性是民间游戏得以流传的核心要素，富含娱乐性与趣味性的民间游戏是儿童成长过程中不可或缺的良伴。例如，跳皮筋时伴随的儿歌及其多样的玩法，还有摔纸烟盒时的图案、动作和声音，都让儿童在游戏的过程中体验到了无尽的乐趣。

三、民间游戏分类

（一）室内生活游戏

室内生活游戏是为儿童设计的室内模拟活动，适宜 4~5 岁的幼童群体参与，部分地区称之为"过家家"。此游戏主要由女孩引领，她们会扮演父母、兄姐等不同角色，再现日常生活、家务劳动及社交情景。游戏的参与者一般限制在 2~4 名儿童，且有时会借助娃娃或玩具作为辅助工具。此类游戏通常由儿童自主发起，多为模仿成人的生活。

（二）庭院游戏

庭院游戏是青少年时期的户外游戏活动。例如捉迷藏、丢手帕、老鹰抓小鸡等，这些游戏多数涉及群体性的追逐性质的嬉戏行为，弹珠、踢毽子、抽陀螺等属于竞技性的娱乐游戏活动。随着季节的变化，还有如跑风车、堆雪人等适应不同季节的游戏活动。

（三）智能游戏

智能游戏旨在提高儿童智力，包括智力和能力培养。智力通过猜谜、手指游戏等来提高，能力通过民间数学游戏等来培养。此外语言游戏如急口令、数歌谣等，学业性游戏如折纸、剪纸等，以及竹编、草编等实践活动，都能提升儿童的实践和审美能力。而传统游戏如折衣帽、剪窗花等，广泛流传于民间，对儿童的动手能力和创造力有积极的影响。

（四）助兴游戏

助兴游戏如酒令和猜拳，常用于节日聚会。酒令由令官主持，违令者受罚；猜拳包括拇战和猜枚，输者饮酒。猜拳有特定礼仪，晚辈猜拳时用左手托右肘表示尊重。

此外，还有类似锤子、剪刀、布的手势游戏，以及用筷子敲击喊虎、猎人、枪来决定胜负的游戏。助兴游戏还包括"击鼓传花"等配乐互动游戏，提升了聚会的趣味性和气氛。

（五）博戏

博戏是赌赛输赢的游戏，早在战国时就有了"六博"，以后又发展出骨牌、掷骰子、叶子戏等博戏形式。古代博戏往往与动物斗赛结合，如斗鸡、斗鹌鹑、赛马之类，以赌输赢。新中国成立之初，人民政府就明令禁止赌博，至今，赌博依旧是被严厉打击、坚决禁止的。

四、民间游戏的价值与意义

民间游戏因独特的民俗特色和多样性，在民间广泛流传，成为许多人童年记忆的一部分。这些游戏简单易学，充满乐趣，种类繁多，对儿童的身心健康有积极影响。

（一）促进儿童身体发育

例如"跳绳""萝卜蹲""城门几丈高"等游戏，能有效锻炼孩子的走、跑、跳、钻等大肌肉运动技能。而"抓子""吹羽毛""弹蚕豆"等游戏则有助于发展手部精细肌肉和手眼协调能力。

（二）促进儿童社会性发展

民间游戏对于儿童社会性的发展具有积极影响。研究表明，自由游戏中的同伴互动往往更能推动社会化进程，超过成人组织的活动。孩子们在集体游戏中通过合作和模仿，学习与人和谐共处，提升助人、合作的社交素质，并提高自我解决人际冲突的能力，控制自我情绪和行为。

（三）培养儿童的优秀品格特质

民间游戏有助于培养儿童的优秀品格特质。在学习游戏规则、自我评估和接受他人监督的过程中，儿童可提高辨别是非、正确评价自我和他人的能力。同时，游戏中的困难和不确定性会锻炼他们的抗挫能力，增强遵守规则的意志力。

（四）有助于儿童行为控制

民间游戏的规则性对儿童的行为控制产生积极效应。参与者会自觉遵守规则、自我约束，这有助于培养他们的团队精神和社会适应能力。如"老鹰捉小鸡"游戏，通过角色扮演和规则遵循，孩子们学会了团队合作和公平竞争。此外，许多民间游戏伴随着儿歌，孩子们在游戏与歌唱中提升沟通技巧，丰富词汇，促进了语言能力的发展。如"网鱼""熊和木头人"等游戏，独特的儿歌形式激发了孩子们的语言表达和学习兴趣。

【课程资源】

民间游戏形成的原因及特点

民间游戏的类型及价值

思考与练习

一、填空题

1. 民间游戏是祖祖辈辈流传下来的_____，是_____的载体。

2. 游戏在_____中扮演着桥梁和纽带的角色，推动了_____多样性的发展。

3. 鞭牛，又称为鞭春牛或鞭春，是源自_____地区的传统新年仪式。

二、选择题

1. 民间游戏的形成原因，不包括（   ）。

A. 生产活动

B. 宗教祭祀

C. 个人娱乐

D. 军事活动

2. 下列并非源自远古时期狩猎传统的游戏是（   ）。

A. 踢毽子

B. 跳绳

C. 丢沙包

D. 捉迷藏

3. 以下属于民间游戏特点的是（   ）。

A. 随意性与灵活性

B. 娱乐性与趣味性

C. 严格的规则限制

D. 助兴性与社交性

三、判断题

1. 民间游戏的形成与发展主要受到历史、文化和社会经济条件的影响。（   ）

2. 所有民间游戏都具有固定的规则和玩法，不会随着时间的推移而发生变化。（   ）

3. 民间游戏对于传承民族文化、促进社区交流具有重要的价值和意义。（   ）

四、简答题

请简要说明民间游戏在现代社会中的价值和意义。

五、论述题

1.结合学习内容，论述如何通过教育和数字化手段保护和传承民间游戏。

2.从文化和社会角度出发，分析民间游戏在不同历史时期所反映的社会结构和价值观。

项目二　牛的历史文化背景

导读

在人类文明的悠久历史中，牛不仅作为家畜存在，更蕴含着丰富的文化和历史价值。在古埃及、古印度等古老文明中，牛被赋予了神圣的地位，象征着丰饶与力量。本项目将探讨牛在不同文化背景下的象征意义、经济价值以及历史地位。通过介绍世界、中国以及宁夏泾源地区的牛文化，加深学生对泾源地区牛文化特色的认识。

学习目标

【知识目标】

1.掌握牛在农业、经济及艺术等领域所扮演的历史角色。

2.深入理解牛相关的神话、传说、象征意义及其历史变迁。

3.掌握宁夏泾源地区牛文化的历史根源及其发展历程。

4.理解打鞭牛的起源及其在泾源地区社会文化中的重要性。

【技能目标】

1.能够进行跨文化比较，分析并阐释牛的象征意义与价值。

2.培养研究与整理信息的能力，搜集关于牛的历史文化资料并进行有效整理。

3.能够分析泾源地区牛文化与民俗活动、民间游戏之间的互动关系。

【素质目标】

1.培养对文化多样性的尊重与欣赏，理解各种文化的独特价值。

2.培养历史视角和全局观念，理解历史文化对现代社会的影响。

3.培养对地方传统文化的尊重态度和保护意识。

《巨牛图》

在宁夏贺兰山中部的回回沟，有一幅以双线条雕刻而成的巨大牛形图案（见图1-2），其长度约2米，高度约1米。据研究，该图案身上的复刻线条极有可能为巫师所凿刻，象征着牛只逐渐壮大的过程。在其腹部，还刻有5只小牛，这反映了巫师的愿望，即希望小牛能与大牛一同成长，日益壮大。

图1-2 贺兰山岩画《巨牛图》

在我国，不少民族将牛视为图腾。这种图腾崇拜对文化与民俗产生了深刻的影响，其遗迹可在岩画和青铜器上寻见。牛的崇拜跨越了地理、种族、语言和宗教的界限，成为全球化的"符号"。在中西方，牛文化虽有相似之处，但其表达形式各异。在中国，牛象征着勤劳和忠诚；在西方，牛则象征着自由与不羁。

在《易经》中，牛是坤卦的象征，代表着柔顺与负载等，能够包容万物。中国是一个农业大国，牛作为重要的劳动力，受到了人们的重视与崇拜。炎帝神农氏以牛为图腾。据《山海经》记载华商始祖王亥是畜牧之神，擅长驯养牛。在上古时期，牛既是农耕的重要工具，又是祭祀的必要祭牲，牛的地位也就非常高。在中华文化里，牛是勤劳、勇敢、仁厚和无私奉献的象征。

任务一　牛文化的渊源

一、古代中国的牛文化

（一）甲骨文里牛的记载

甲骨文的构成中，"甲"特指龟甲，"骨"则指牛骨。在河南安阳殷墟的考古发掘中，发现了大量以牛肩胛骨为材料的卜骨，显示出在商代牛已被大量用于祭祀活动，数量有时多达上千头，在卜辞中有确切的记录。

自 1899 年以来，伴随着甲骨文的重大发现，迄今为止已有超过 15 万片甲骨文被发现。学者们在这一庞大的古文字宝库中持续进行研究，已经成功考释大约 2000 个独特的字符。其中"牛"字尤为引人注目，成为学术界关注的焦点。

甲骨文中的"牛"字（见图 1-3）具有独特的设计，生动地展现了牛头的正面形象，其上部的"U"型曲线巧妙地勾勒出牛角的雄伟，而下部的倾斜线条（后演变为单一横杠）则栩栩如生地描绘出牛耳的轮廓。孔子曾就此发表评论："牛羊之字，以形举也。"这句话精确地概括了甲骨文中象形字的本质，即通过直观的形态来表达事物。

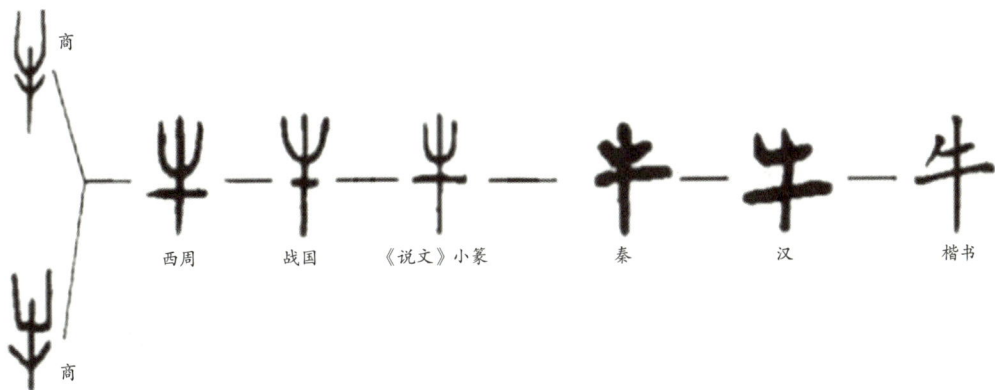

图 1-3　"牛"字的演变

在古代，"牺"一词特指那些毛色纯正的牛，即全身毛色统一，无任何杂色的牛。而"牲"则专指在神圣的祭祀仪式中使用的身体完整无缺的全牛，它代表着最高的敬意与虔诚。《谷梁传·哀公元年》载："全曰牲，伤曰牛。"即完整无缺者称为牲，有损伤者则称为牛。

牛在祭祀中更占有突出的地位。古代以牛、羊、豕为三牲，祭品中三牲齐全，叫作"太牢"，亦叫"大牢"，一般用于隆重的祭祀。只有天子才可用太牢，而诸侯及以下官员只能使用少牢，少牢仅包含羊与豕两种牲畜，不包括牛。可见古时三牲中，牛最珍贵，非一般人所能享用，故太牢亦专指牛。《大戴礼记·曾子天圆》中便有"诸侯之祭，牲牛，曰太牢"的记述。鉴于牛在祭祀中的重要地位，古人特为牛角装上横木，此举既保护了人的安全，又确保了牛角完好无损，体现了古人对祭祀礼仪的严谨态度与对自然生灵的敬畏之心。

"特"字的本义指体型庞大的公牛。根据《说文解字》的记载，"特，从牛，寺声。朴特，牛父也"。深入探究可知，"特"在古代特指3岁左右的公牛。此年龄段的牛体魄强健，正值生理巅峰，且肉质鲜嫩，被视为高品质食物的理想之选。因此，也有的字典中，"特"字被赋予"牛父也"的解释，以此凸显其在牛群中的资历与尊贵地位。随着时代的演进和文化的变迁，"特"字的含义逐渐集中于杰出超群的个体，尤其是在祭祀和食用领域，成为顶级肉畜的象征，代表着对神圣仪式的至高献祭以及对生活品质的极致追求。这一演变不仅体现了古代社会对牛的深入理解和高度赞赏，也映射出人类文明在自然资源利用和审美追求方面的精细化和深化趋势。

（二）老子与青牛

老子，道教创始人。他的形象常被与青牛联系在一起。青牛在道教文化中代表了谦虚、处下和不张扬的品质，这与老子的哲学思想相匹配，体现了牛在道教文化中的重要性。不少人对老子的崇敬影响了他们的行为，包括不吃牛肉的禁忌，正是对牛踏实、勤劳、忠良品德的敬仰与传承。

（三）古代诗歌文学中的牛文化

随着时间的流逝，人类与牛之间的联系日益紧密，牛不仅在农业生产中扮演着至关重要的角色，而且在文化与精神层面也占据了重要的地位。例如人们熟悉的牛郎织女的传说，赋予了七夕节深厚的文化内涵，人们会在这一日仰望星空，寄托自己的情感。在牛郎织女的故事中，牛郎借助老牛之力，跨越银河与织女相会，这一情节不仅彰显了牛在现实生活中的重要性，也反映了人们对家庭团聚和战胜困难的深切渴望。

战国末期编纂的《吕氏春秋》详尽地整理了古代音乐与舞蹈资料。其中，"葛天氏之乐"尤为引人注目，其独特之处在于舞者手持牛尾作为唯一的道具，这一细节蕴含着深厚的文化意义和庄重的仪式感。书中记载，葛天氏部落的乐舞由三位舞者手持牛尾，伴随着节奏吟唱 8 首颂歌，每首都是对自然、生命和神灵的崇高敬意，从颂扬人类繁衍到赞美飞鸟自由，再到庆祝草木茂盛和五谷丰登，以及表达对天地法则的敬畏和对帝王功德的传扬，最终体现万物和谐共存的哲学理念，体现了古代社会对宇宙秩序的深刻理解和崇尚。

在这些庄严的仪式中，舞者"操牛尾"的行为超越了艺术形式，象征着对牛的无限尊崇、感激和原始崇拜。在古人眼中，牛不仅是农业生产的关键助手，更被视为连接人间与神界的桥梁，在祭祀活动中扮演着核心角色。《礼记·曲礼下》中天子关于以牛作为祭品的描述，《礼记·王制》中关于贵族祭祀规格的记载，进一步证实了牛在古代祭祀文化中的核心地位。

自古以来，诗词歌赋中充满了对牛的赞美。袁枚的《骑牛·骑马上林街》描绘了一幅温馨的画面：老翁骑在牛背上，享受着宁静，牛的稳重和慈祥成为人间的净土。陆龟蒙的《放牛》则通过牛背上孤鸟的安逸，传达出牛的温和与宽容，它们与自然和谐共处，展现出超凡脱俗的宁静之美。

此外，牛的形象在成语和谚语中也广泛出现，如"归马放牛"象征和平，"牛衣对泣"描绘贫贱夫妻的深情，"老牛舐犊"体现深厚的亲子之情，"对牛弹琴"讽刺语言表达徒劳无功，"庖丁解牛"比喻技艺高超，"杀鸡焉用牛刀"强调物尽其用，"风马牛不相及"表示事物之间的无关性。它们丰富了汉语的表达力，也彰显了牛文化在中国传统文化中的深远影响，使得牛所象征的勤劳、坚韧、慈爱等品质在日常生活中发扬光大。

（四）博物馆中的牛文化

中国的历史文化遗产博大精深，其中以牛为题材的文物尤为令人瞩目，它们不仅体现了古代工匠的精湛技艺，也彰显了牛在中国文化中的显著地位。以下几件文物对此作了生动的诠释。

1. 商代亚长青铜牛尊。出土于河南安阳的殷墟遗址。该器物以牛为造型，展现了古代工匠的创造力和牛在中国文化中的象征意义。牛尊背部有盖，用于盛放液体，其功能和象征意义共同体现了其历史和艺术价值。亚长青铜牛尊的纹饰和铭文为研究商代历史和文化提供了重要资料。

2. 古滇国牛虎铜案。战国时期古滇国（公元前 278 年至公元前 109 年）的珍贵青铜器，现为云南省博物馆的镇馆之宝。1972 年，这件青铜器在云南省江川县李家山古墓群第 24 号墓中被发现，对于研究古滇国历史、文化和青铜器制造工艺具有重要价值。牛虎铜案高 43 厘米，长 76 厘米，宽 36 厘米，整体设计独特，由一头壮硕的牛构成主体，四足作为案的支撑，背部形成空洞以放置祭祀物品。在大牛尾部，一只猛虎紧紧攀爬，口咬牛尾，形象生动有力。而在大牛腹下，还有一只小牛安然站立，这可能象征着"新生"的概念，反映出古滇人对生命循环的深刻理解。此器物融合了高超的青铜铸造技术和古滇国独特的艺术风格，同时融入了中原文化元素，体现了古滇国与中原地区的文化交流。牛虎铜案不仅是祭祀的礼器，也是权力、财富和宗教信仰的象征，对于理解古滇国的社会结构、宗教信仰以及与中原文化的互动关系具有极其重要的意义。牛虎铜案因独特的历史性、艺术性和科学性，被誉为古代青铜文化的"国宝级旷世文物"。

3. 立牛青铜钺。作为古滇国青铜器的代表之一，其生动的牛形设计不仅揭示了古代工匠的卓越技艺，还深刻映射出当时社会生活的多元面貌与宗教信仰的深厚底蕴。

4. 汉代陶牛。出土于贵州省的这一陶塑艺术品，以立式造型生动展现了东汉时期陶塑艺术的风格特色与技艺水平，为研究古代农业生产方式、社会生活习俗提供了重要的实物资料。

5.《五牛图》。此画为唐代画家韩滉以绢本设色创作，是中国十大传世名画之一。作品生动刻画了五头牛的不同姿态，如站立、行走、回首等，每头牛都栩栩如生，笔触细腻，结构精准，既表现出牛的健壮与温顺，又反映了唐代农耕文化的特色和对耕牛的重视，更彰显了韩滉卓越的绘画技艺和对生活的敏锐洞察。《五牛图》具有极高的艺术价值，蕴含着丰富的文化意义，象征着勤劳、力量和质朴。此画作现藏于北京故宫博物院，是中国美术史上的重要作品，对后世产生了深远影响。

6. 宋牛首人身陶立俑。作为十二生肖俑系列中的杰出代表，其独特的牛首人身造型，不仅是对自然界生物的艺术化再现，更是古代中国文化和宗教信仰中动物崇拜与拟人化想象的生动体现。

7. 清玉雕卧牛。此作品以温润的玉质、精湛的工艺以及牛安详卧姿的细腻刻画，展现了清代玉雕艺术的高超成就与独特魅力，是后世研究清代工艺美术不可多得的珍贵实物。

8. 颐和园铜牛。铜牛位于北京颐和园昆明湖东岸，坐落在廓如亭北面的堤岸，是具有深厚历史底蕴的艺术珍品。此铜牛铸造于清朝乾隆二十年（1755 年），是中国现存最精美、艺术与冶铸技术并重的古代铜牛代表之一。铜牛身长 1.8 米，高 1.2 米，呈静卧状，形态逼真，细节精致，充分展示了高超的铸造技艺。乾隆皇帝亲笔撰写的《金牛铭》以篆书刻于牛背上，寓意祈愿铜牛"用镇悠永"，即长久镇压水患，保佑园林及周边地区的安宁与繁荣。铜牛不仅是园林的装饰，更象征着古代帝王借助自然元素表达治国理念和为民众祈福的意愿。

9. 鎏金铜牛。宁夏博物馆镇馆之宝，国宝级的文物。它出土于西夏陵的 101 号陪葬墓，长 1.2 米，重达 188 千克，外表鎏金、铜铸空心，造型非常生动逼真。整尊铜牛取跪卧姿，双角弯曲，双耳椭圆直立，牛的眼睛圆睁而且外突，好像在注视着远方，非常有神，鼻子微微向上翘，特别是它的颈部肌肉线条非常清晰。在牛的皮肤底下有一根脊椎骨，从颈部一直延伸到尾部。这样大的一件金属铸造品需要集美学、铸造、鎏金等许多工艺水平于一身，它代表了我国 11 世纪到 13 世纪较高的金属铸造工艺水平，真正达到了以形传神、神形兼备的最高境界。

（五）宁夏的牛文化

牛在人类文明的发展历程中扮演了至关重要的角色，这一点在众多考古发现中得到了充分的体现。在固原市彭阳县彭堡村、西吉县新营乡等地，考古学家们发掘出了春秋战国时期的墓葬，其中包含了大量的牛、马、羊头骨。进入秦汉时期，随着农业的进一步发展，牛的地位愈发凸显。在宁夏出土的汉代文物中，墓葬内不仅有牛头骨，还有牛俑，例如银川市贺兰县暖泉汉墓群中的陶牛俑以及吴忠市同心县倒墩子匈奴墓中的牛、马、羊头骨。这一时期牛的重要性并未减弱，反而持续地被人们所重视。

在宁夏六盘山地区，春官词广为流传，其中不乏对春牛的颂扬。春官词源于民间的"报春"说唱活动。例如，春官词中提到牛的"千锹万锹，抵不上老牛伸腰"，彰显了牛在替代人力方面的优势。在人们的记忆中，牛与土地之间存在着紧密的联系。宁夏民间将地震视为"土牛翻身"，不仅反映了人们对牛力量的敬畏之情，而且在中国传统文化中，依据《周易》的解释，"坤为牛"，因为"坤象征大地，承载重负且顺从"，牛被视为负载并孕育万物的大地的象征，即坤的代表。此外，古人认为牛具有"五行"中的土与水的神力，象征着风调雨顺、国家安定和人民安康。在五行理论中，水能滋养木，因此牛的耕作有助于农作物的生长；土能制约水，故铜牛、铁牛被认为能镇压水患。

宁夏地名研究学者郑济洧整理出宁夏超过60个与牛相关的地名，这仅是一个不完全的统计。在这些地名中，一些至今仍被沿用，另一些则随着时代的变迁逐渐淡出人们的记忆。郑济洧指出，在宁夏以生肖命名的地名中，以"牛""马""羊"为名的最为常见。关于含"牛"字的地名，可细分为以下几种类型。

1.以牛姓人家的聚居地命名。例如，隆德县的牛湾村、牛河村，彭阳县的牛家洼、牛家壕，以及贺兰县的牛家台子等。

2.与养牛活动相关的命名。例如，盐池县的牛圈坑、牛场湾，固原市的牛圈湾等，从这些地名中可以推断出这些地方曾经设有养牛的场地和圈舍。

3.体现牛的轨迹，以及人们对牛的使用。例如，贺兰县的宰牛沟、海原县的买牛沟等。

在众多以"牛"命名的地名中，泾源县的牛营村被认为是最为古老的。据《后汉书·卷十三·隗嚣公孙述列传》记载："八年春，来歙从山道袭得略阳城。嚣出不意，惧更有大兵，乃使王元拒陇坻，行巡守番须口，王孟塞鸡头道，牛邯军瓦亭，嚣自悉其大众围来歙。"郑济洧解释，文中提及的牛邯军驻扎之地，即为牛营。此事发生在建武八年，即公元32年，距今已近2000年的历史。

二、牛的文化价值

在中国漫长的历史进程中，牛作为文化象征及农业生产中的关键角色，其地位至关重要。自古至今，牛的形象一直承载着勤劳、朴实与实干的深远意义，而今更成为个人卓越才能的代表。

中国当代艺术家、一级美术师、获联合国教科文组织"和平艺术家"称号的韩美林先生的作品广受大众喜爱，尤其是生肖题材的创作。他坦言，牛与马是他绘画中最为常见的主题。宁夏贺兰山岩画景区的韩美林艺术馆入口的画作题款中写道："上苍告诉我：韩美林你就是头牛，这辈子你就干活吧！"尽管韩美林不属牛，他却自比为牛，充分体现了他对牛的崇敬之情。韩美林认为，牛是勤劳与无私奉献的象征，他倡导人们应当效仿牛的精神，不求回报，默默付出。因此，在韩美林的笔下，牛是具有力量、个性和深厚精神的象征。

在古代社会，牛的地位极为显著，不仅是农业生产的根本动力，也是国家的宝贵财富，受到极高的尊重与保护。元代杰出的农学家王祯在其著作《农书》中明确阐述，农为牛本，有功于世。这深刻揭示了牛在农业领域的基础作用及其对社会进步的重大贡献。中国数千年的农耕文明，正是依赖于耕牛的不懈劳作，从而奠定了国家繁荣稳定的基础。历代君主充分认识到保护耕牛对于维系农业命脉的重要性，因此制定了一系列严格的法律法规，以确保耕牛数量的增加与健康繁殖，将其提升至国宝级别的保护层次。

据《礼记》记载，早在西周时期，牛便被视为珍贵的资源，即便是诸侯也不得随意屠宰。这一规定彰显了牛的珍贵性及其在社会结构中的特殊地位。仅在特定的祭祀场合，由天子亲自主持的"太牢"仪式中，牛才会作为祭品出现，这进一步凸显了其神圣与尊贵的地位。

此外，牛的价值还体现在军事领域。在冷兵器时代，牛与马同为战争中的稀缺资源。它们不仅能够承担繁重的运输任务，其皮革、筋骨等还能用于制造战靴、铠甲等军需品。因此，从《唐律疏议》等法律文献中可以看出，私自宰牛的行为将受到严厉的惩罚。同时，民间牛只死亡后，其皮革与筋骨也需上缴官府，以防止重要战略物资的流失。五代十国时期的后周政权更是进一步规定农户需按土地面积上交牛皮，以确保军备的充足。

【课程资源】

古代中国的牛文化

博物馆中的牛文化和牛的文化价值

【案例导入】

过去，孩子们在打毛蛋的娱乐活动中，常常会伴随一首富有趣味的歌谣，歌词内容大致为："打毛蛋，费袖子，他妈养了个精溜子；会爬了、会走了，她妈肚子里又有了。"这首歌谣既体现了孩子们打毛蛋时的欢乐场景，也蕴含了他们对生活趣事的幽默表达。

弹力十足的毛蛋是放牛娃们在山间草场上创造出来的玩具。玩法也多种多样，有打毛蛋、拍毛蛋、拍毛蛋绕腿等，包括拍打、踢、传递和投掷等，其中最受欢迎的是打毛蛋。这是棒球和垒球相结合而流传的一种古老的传统民间游艺。

在其他地区，如西藏，这种游戏被称为"刚再"，在青少年中颇为流行。传统的毛蛋是用牛毛、羊毛制成，大小不一，后来逐渐演变为以棉花为内核、牛膀胱为胆、外缠毛线的新型毛蛋。在西藏，起初使用的是牛膀胱做成的球，后来发展为内装膀胱、外用十二块牛皮缝制的球。随着时代的变化，塑料球、皮球等工业化新兴玩具的出现，使得这一游戏逐渐淡化。

资料来源：静宁文化馆民间童谣拾遗《打毛蛋》

任务二 泾源地域文化与打鞑牛

宁夏地区有诸多非物质文化遗产，例如剪纸、刺绣、葫芦烙画等，均融入了牛的形象。特别是在泾源，非物质文化遗产中一个显著的特点是许多传统习俗与牛紧密相连，例如赶牛和打鞑牛活动。牛被特别选为这些活动的核心，而其他家畜未被纳入，这实为一个颇具研究价值的课题。

一、打鞑牛的形成因素

打鞑牛作为泾源地区广为流传的民间游艺，其诞生背景也独具特征。其原型"打毛蛋"源于泾源地区民众的耕牧生活，并深受该地区地理气候与人文历史的影响。

（一）地理环境

泾源县位于宁夏六盘山东麓，地理环境颇具特色，四周被群山环绕，地势由西北向东南逐渐降低，呈现出西高东低的格局。其地貌类型丰富，褶皱连绵起伏，平均海拔约 2100 米，涵盖了高山、丘陵以及河谷平原等多种地形。六盘山主脉绵延 41 公里，拥有良好的植被覆盖，是境内河流的源头所在。

气候上，泾源县属于温带半湿润气候区，具有明显的森林草原气候特征，表现为春季寒冷、夏季凉爽、秋季短暂、冬季漫长，年均气温保持在 6℃ ~9℃。

这种多山地和森林草原的地形，以及温润的气候适宜畜牧业发展，为当地特色游戏如"打鞑牛（毛蛋）"的产生提供了良好的自然条件。

（二）产业环境

在历史文献中，泾源地区的养牛业可追溯至《史记·货殖列传》所记载的乌氏倮。乌氏倮，战国晚期秦国乌氏部落的杰出代表人物，其族名为乌氏，个人名为倮。要深入了解乌氏倮，必须先探究其所属的乌氏戎部落。乌氏戎乃古代西戎民族之重要分支，活动于商周至秦代的六盘山区。乌氏不仅是部落之名，亦成为部落成员之姓氏。在历史的长河中，乌氏戎建立了自己的方国，并被秦王朝正式设立为乌氏县，隶属于北地郡，这标志着其已形成相对稳定的聚落和社会结构。

乌氏戎作为西戎的一支，与中原政权间既有交流也有冲突。六盘山区的优越地理环境为畜牧业的繁荣提供了理想的条件。乌氏倮充分利用这一地理优势，专

注于牛、羊和马的饲养。他深谙畜牧业的规律，精心培育优质畜种，使得牧群数量不断增长，牧场遍布山谷之间。至秦始皇时期，乌氏倮的财富和影响力达到了空前的高度。《史记》中详细记载了他所拥有的牲畜数量之巨，以至于常规的计数单位无法准确衡量，只能以山谷的数量来估算其畜群规模。这表明每一山谷几乎都被他的牛羊马群占据，这种以自然地形为财富计量的方式，直观地展示了畜牧业的繁荣景象，也彰显了乌氏倮作为古代大商人所取得的非凡成就和超前的商业智慧。

乌氏倮，以深邃的洞察力和精明的策略在畜牧业领域崭露头角。他巧妙地将过剩的畜牧产品转化为高利润的商品，展示商业才能。在秦始皇统一货币的时期，乌氏倮果断抓住历史机遇，洞察到戎族对养蚕织丝技术的匮乏。因此，他将牲畜销售给中原的农民，同时收购珍贵的丝织品、异国商品及日常用品，再将这些商品引入牧区市场，从而开创了利润丰厚的绢马交易网络。

乌氏倮的商业智慧不仅体现在市场敏感度上，更在于他善于整合资源，实现双赢局面。他定期向深居山林的戎王提供丝织品，换取价值远超丝织品的牲畜和畜产品，不断积累财富。这种不平衡的绢马交易使他在西北地区声名鹊起，被誉为大牧主兼大商人，更在六盘山地区留下了富甲一方的传奇故事。

在农耕与游牧经济的互补环境中，乌氏倮的商业活动超越地域限制，触及更广泛的市场。他克服恶劣气候、交通不便和民族差异，推动内地丝绸与边疆民族的牛羊交换。这些边疆民族进而用丝绸与中亚、西亚、罗马人交易，换取黄金。乌氏倮的这一行动，极大地促进了东西方的贸易交流，为早期丝绸之路的形成与发展奠定了坚实基础。

乌氏倮的商业成就引起了朝廷的高度重视。秦始皇在巡视陇西、北地郡期间，目睹了乌氏倮在商业及畜牧业方面的显著发展，并对其成就给予了高度赞赏，赋予了乌氏倮王侯般的尊崇待遇，准许其入宫朝拜并参与国家大政。这充分证明了乌氏倮对秦国政治经济产生了深远的影响，特别是他所提供的马匹为朝廷的军事力量提供了坚实的后勤支持。

目前，泾源地区饲养的肉牛品种主要包括西门塔尔牛和安格斯牛。关于普通牛的起源，学术界通过考古学和古生物学的深入研究，例如对牛颅骨化石的精细分析和对古代壁画的解读，已经得出其野生祖先为原牛的结论。这一驯化过程可追溯至新石器时代，标志着人类与这一重要家畜之间悠久而深刻的历史联系。原牛的分布范围极为广泛，包括西亚沙漠、北非大地及欧洲草原等多个地区，展现了其强大的自然适应能力和广泛的地理分布。

在普通牛的驯化过程中，中亚地区普遍被认为是这一进程的起源地。随后，随着人类迁徙的浪潮和贸易路线的拓展，驯化技术逐渐传播至欧洲、东亚乃至更远的亚洲地区。值得注意的是，亚洲作为多种野牛原始的自然栖息地，至今仍保留着少数野生状态的牛群。相比之下，欧洲和北美洲的野牛种群大多已在野外灭绝，仅能在受保护的动物园和自然保护区中寻觅到它们的踪迹。

在中国，对于原牛的研究也取得了丰富的成果。例如，大同博物馆所珍藏的原牛头骨化石，经科学鉴定其年代可追溯至约 7 万年前，成为研究中国北方史前生态的珍贵资料。此外，安徽省博物馆收藏的淮北更新世晚期固镇水牛头骨化石以及吉林省榆树县的考古发现等，均为我们揭示古代牛类生态和地理分布提供了宝贵的线索和依据。

在形态、生物学特性和生产效能上，牛的驯化过程对其产生了深远的影响。原始野牛以其庞大的体型、野性、单色毛发、小乳腺和低产奶量为特征。然而，经过人类长期的选育工作，现代驯化牛的体型更加适宜，其性情温和，毛色多样，产奶量显著提高，同时肉类产量和工作能力也显著增强。这些变化是自然选择与人类干预相互作用的结果，也是人类智慧和与自然和谐共生理念的生动例证。

牛，作为人类最早驯化的家畜之一，其价值是无可争议的。它们体态壮硕，能够提供肉、奶等食物来源，皮毛可用于制作衣物和装饰，甚至在战争中也有其作用，如充当战争工具或制作战鼓、乐器。此外，其强壮的骨骼和角也是制造工具或作为装饰品的理想材料。在古代社会，由于早期驯化的牛种多为体壮性烈的野牛，因此牛常被视作力量和权威的象征。在泾源地区，传统上，居民的经济收入主要依赖于养牛，因此牛在当地人的生活中扮演着至关重要的角色。牛与当地居民的经济、生活以及娱乐活动紧密相连。为了表达对牛的喜爱与尊崇，当地人民以牛为灵感，创造了许多民间游戏和乡村习俗。

（三）人文环境

泾源县，这片古老的土地，孕育了深厚的人文历史，为打鞄牛游艺的人文环境的形成提供了坚实的基础。泾源县的建置历史相当悠久，经历了很多朝代的更迭与变迁，这里成为人们聚居的地方，各族人民在此共同生活，共同创造了丰富多彩的文化传统。打鞄牛（毛蛋）游艺活动的产生与西北其他牧区的类似游艺有着相似之处，都体现了不同民族间的文化交流与融合，展现了各族人民在历史长河中的智慧与创造力。

（四）政策环境

国家对非物质文化遗产的保护工作予以了高度关注，并通过一系列政策和措施，积极促进了传统文化的传承与发展。尤其对于民族地区的非物质文化遗产，国家更是给予了特别的关照与支持。这种关注不仅体现在政策制定上，还体现在具体的行动中，例如定期举办的全国少数民族传统体育运动会，为各民族文化的展示与交流提供了宽广的平台。

在这样的背景下，打鞄牛游艺作为一种蕴含深厚民族文化底蕴的传统活动，获得了申报非物质文化遗产的机遇。国家对非物质文化遗产申报工作的大力支持，为打鞄牛游艺的保护与传承提供了坚实的保障。通过申报非物质文化遗产，打鞄牛游艺不仅能够得到更为周全的保护与传承，还能进一步推广民族传统文化，让更多人了解并认识这一独特的文化表现形式。

此外，打鞄牛游艺成功申报非物质文化遗产，也有助于促进地区文化的交流与融合。通过多样化的文化活动与交流，不同民族之间的文化差异逐步缩小，共同的文化认同感逐渐增强。这种文化交流与融合不仅有助于加强民族团结，还能为地方经济发展注入新的动力。通过发展文化旅游、特色手工艺品等产业，地方经济将得到进一步的提升，从而推动整个地区的繁荣与发展。

二、泾源地区打鞄牛的起源

（一）概念辨析

所谓"打鞄牛"，又名"打毛蛋"，是泾源地区广泛流传的传统民间游戏，深受当地民众的喜爱。"打鞄牛"是在"打毛蛋"游戏的基础上发展演变而来。作为一种具有鲜明特色的体育活动，它被誉为"六盘山中的响板球"。游戏的主要活动区域包括香水镇、泾河源镇、新民乡、黄花乡、兴盛乡等三乡两镇的60多个村庄。

鞄，古指制皮革的工人。《说文解字》有：鞄，"柔革工也。从革，包声。读若朴。《周礼》曰：'柔皮之工鲍氏。'鞄即鲍也。"在泾源地区的方言中，"鞄牛"一词特指年轻力壮的小公牛，常用来形容体魄强健的青年，或特指参与"打鞄牛"游戏的青年男子。

（二）形成与发展

打毛蛋的历史悠久，据史料记载，早在宋代中国便有类似性质的"击角"游戏存在。据研究，泾源的"打毛蛋"游戏起源于清代末期，当时一些人从陕西迁徙至六盘山区后，由于艰苦的生产和生活环境，放牧牛羊成为生存的必要手段。在深山牧牛的孤寂时光中，牧童们创造了"打毛蛋"这种竞技游戏以消磨时间。

在新中国成立之前，传统的"打毛蛋"运动已广泛流行。20世纪六七十年代，由于农村地区经济条件的限制和体育设施的不完善，该运动成为农村儿童主要的健身和娱乐方式之一。2014年，在泾源文化馆非物质文化遗产中心工作人员的抢救性整理和挖掘后，进一步规范打鞄牛（毛蛋）的比赛规则，提升了打鞄牛的观赏性。2015年，打鞄牛获宁夏第八届少数民族传统体育运动会表演项目银奖，同年在第十届全国少数民族传统体育运动会中荣获表演项目金奖。

在泾源文化馆工作人员的持续努力下，打鞄牛游艺成功申报为自治区级非物质文化遗产项目，并于2016年正式列入宁夏回族自治区第四批自治区级非物质文化遗产代表性项目名录。经过精心的改良，打鞄牛这一非物质文化遗产游艺项目已从一个传统的乡村民间游戏转变为一种兼具观赏性和竞技性的体育活动，深受全国民众的喜爱。这种独特的运动巧妙地融合了垒球和棒球的元素，于传统的鞄牛（毛蛋）投掷活动中，形成了一种新颖且充满挑战性的比赛方式。在宁夏六盘山地区，该运动更被赋予了丰富的文化意义，有时参与者被称为"鞄牛"，象征着力量与活力。

2019年，在郑州举办的第十一届全国少数民族传统体育运动会上，打鞄牛项目以8.83分的优异成绩荣获竞技类表演二等奖，彰显了其独特的魅力和广泛的吸引力。目前，打鞄牛的场地设置更为规范，通常选择在开阔的草地或大型麦田中进

行。场地的尺寸、标识以及比赛规则均经过精心设计，旨在确保比赛的公正性和观赏性。

三、打鞑牛的非物质文化遗产代表性传承人

李光辉，男，1962 年出生，为固原市第三批及泾源县第一批非物质文化遗产代表性项目打鞑牛的代表性传承人。自 1974 年 4 月起，他便涉足文艺及群众文化领域。1987 年，致力于搜集、挖掘和整理泾源"踏脚"，并成为宁夏第二批非物质文化遗产代表性项目"踏脚"的代表性传承人。2014 年，他参与泾源打鞑牛（毛蛋）的挖掘工作，规范比赛规则，提升了打鞑牛的观赏性。在他的指导下，打鞑牛在 2015 年宁夏第八届少数民族传统体育运动会中荣获表演项目银奖，并在同年第十届全国少数民族传统体育运动会中获得表演项目金奖。

王文清，男，1966 年 5 月出生，1979 年参加工作，担任泾源县文化馆研究馆员及非物质文化遗产中心主任，为固原市第三批及泾源县第一批非物质文化遗产代表性项目打鞑牛的代表性传承人。自 2014 年起，他专注于泾源打鞑牛（毛蛋）的挖掘整理，在将其成功申报为自治区级第四批非物质文化遗产代表性项目名录及固原市第三批非物质文化遗产代表性项目名录过程中做了大量工作。他积极参与推广活动，提升了打鞑牛的知名度。2015 年，他参与的打鞑牛项目在宁夏第八届少数民族传统体育运动会中获得表演项目银奖，在第十届全国少数民族传统体育运动会中荣获表演项目金奖。近年来，王文涛承担了泾源县非物质文化遗产保护的普查工作，包括整理、保护、培训、摄影、摄像、文字和宣传等多方面，发表了《泾源"打鞑牛（毛蛋）"的产生与人们日常生活的关系》及《泾源"打鞑牛（毛蛋）"的传承与保护》等论文，并于 2011 年参与编写出版了《泾源县非物质文化遗产保护丛书》，包括《泾源踏脚》《泾源技艺》《泾源花儿》《泾源民俗》《王洛宾与五朵梅》等著作。

王小林，男，1976 年出生，为固原市第三批及泾源县第一批非物质文化遗产代表性项目打鞑牛的代表性传承人。2011 年参加全国第八届少数民族传统体育运动会，作为队员参加"赶牛"表演类项目，荣获金奖，2014 年，与李光辉、王文清等共同参与泾源打鞑牛（毛蛋）的挖掘工作。2015 年，他参与的打鞑牛项目在宁夏第八届少数民族传统体育运动会中获得表演项目银奖，在第十届全国少数民族传统体育运

动会中荣获表演项目金奖。2019 年在第十一届全国少数民族传统体育运动会中打䩙牛获得表演项目银奖。

【课程资源】

打䩙牛的形成因素

泾源地区打䩙牛的起源与传承

任务三　打鞭牛游艺的应用前景

打鞭牛是泾源地区的传统体育活动，也是非物质文化遗产。它起源于农民的休闲娱乐，后来发展成为受当地人欢迎的民间体育项目。

这种活动常在节日或体育赛事期间举行，村民们聚集庆祝，展示技艺。打鞭牛是体育活动，也是文化传承，体现地方特色和民族风情。参与者体验竞技乐趣，感受当地历史文化和民俗。

在打鞭牛活动现场，人们欢聚一堂，气氛热烈，也可吸引各年龄段的人参与，促进了社区团结。同时，它也可吸引众多游客，推动当地旅游业的发展。

一、传统节庆的主题赛事

节气旅游和节庆旅游已经成为当今文化旅游发展的重要趋势之一。充分利用春节、元宵节、端午节等传统节庆活动，结合民间民俗和文化体验，可以举办各种丰富多彩的活动。例如，打鞭牛民间赛、创意赛、邀请赛等具有地方特色的活动，吸引游客参与。同时，利用新媒体的优势，进行人员招募和宣传推广，让更多的人了解和参与到这些活动中来。通过这种方式，不仅可以传承和弘扬传统文化，还可以推动旅游业的发展，实现文化与旅游的有机结合。

二、非物质文化遗产展示

为增进公众对独特文化遗产的了解与认识，可以策划并实施以非物质文化遗产展示为核心的活动周或活动月，邀请技艺精湛的打鞭牛表演者亲临现场，为观众呈现精彩的表演及技艺展示，并由专业人员负责推广与解说。通过这些直观的展示活动，观众有机会近距离领略传统技艺之美，并了解当地深厚的历史与文化底蕴，提升公众对非物质文化遗产价值的认识，激发他们参与保护和传承这些宝贵文化遗产的热情。

三、纳入学校体育课程

在教育领域，泾源地区的学校将打鞭牛纳入体育课程，成为一种独特的校本课程和教学内容。通过将打鞭牛引入课堂，学生们不仅能够学习和体验这项具有深厚历史底蕴的传统体育项目，还能在实践中锻炼身体的协调性和团队的协作能力。

此外，通过学习打鞭牛，学生们能够深入了解这一项目的起源、发展及其在泾源地区的文化意义。教师可以在课堂上讲解打鞭牛的历史背景和文化内涵，让学生们认识到这一传统体育项目在当地社会中的重要地位，使学生们不仅能够获得知识，还能增强对本土文化的认同感和民族自豪感。

将打鞭牛纳入体育课程，不仅有助于传承和保护这一非物质文化遗产，还能激发学生们对传统文化的兴趣和热爱。通过亲身参与和体验，学生们能够更加深刻地理解打鞭牛的文化价值，从而在日常生活中形成传承和弘扬这一传统体育项目的自觉。这样的教学方式不仅丰富了学校的体育课程内容，也为学生提供了更多元化的学习体验，有助于提升他们的综合素质，实现全面发展。

四、社区文化活动

在泾源地区的社区文化活动中，打鞭牛这一传统体育项目也可作为一种充满乐趣的活动广泛推广。社区管理者应积极组织居民参与打鞭牛比赛、体验活动等多种形式的活动，以促进邻里间的交流与互动，进一步丰富社区文化生活。打鞭牛活动正从农田走向社区，由少数人的参与转变为大众的推广，并逐渐融入各地的民俗活动中。在城市的公园、广场等公共场所，均可举办打鞭牛比赛，实现全民参与。通过亲身体验，人们能更直观地感受到传统文化的魅力，并为城市生活增添一份乡村风情。此类活动有助于打鞭牛这一传统活动的传承，并为全国少数民族传统体育运动会培养更多人才。

五、旅游景点互动体验

泾源地区的旅游景点可将打鞭牛作为一项互动体验项目，吸引游客参与。随着乡村旅游产业的持续发展，将打鞭牛设计成一个深受游客欢迎的旅游项目，在景点内设置专门的场地和赛点，让越来越多的游客慕名而来，使游客在欣赏自然美景的同时，也能亲身体验这项传统体育非物质文化遗产的独特魅力。此举有助于提升旅游体验品质，促进当地旅游业的繁荣发展，为乡村带来经济收益。

作为非物质文化遗产的打鞭牛，在文化旅游领域展现了独特的价值。在一些乡村旅游项目中，游客得以亲自体验打鞭牛，深刻感受这种传统民俗文化的独特魅力。这种亲身体验的方式不仅使人们更加直观地感受到传统文化的乐趣，也为非物质文化遗产的保护和传承开辟新的途径，注入了新的活力。

六、竞技舞台上的新星

打鞭牛运动在全国民族体育赛事中的影响力日益增强，有更多组织通过举办专业比赛，提高其运动的竞技性和观赏性，使它成为广受欢迎的体育项目，并为传统民俗活动注入新活力。专业赛事让更多人了解这项文化遗产，推动其传播和发展。

同时，这些比赛为乡村文化传承和发展提供了新机遇，促进了传统文化的展示和宣传，吸引了更多人的关注和参与，这有助于保护文化遗产，为乡村经济和社会发展注入新动力，并推动当地旅游业发展。

【课程资源】

打䐁牛游艺的应用前景

思考与练习

一、填空题

1. 牛在古代社会常被视作＿＿＿＿＿＿＿＿和权威的象征。

2. 甲骨文中的"牛"字设计独特，其上部的"U"型曲线代表＿＿＿＿＿＿。

3. 在泾源的非物质文化遗产中，与牛密切相关的游艺项目包括＿＿＿＿＿＿＿＿和＿＿＿＿＿＿＿＿。

4. 泾源县位于宁夏回族自治区六盘山东麓，其地貌类型丰富，其中包括了高山、丘陵以及＿＿＿＿＿＿＿等多种地形。

5. 打鞭牛游艺成功申报为自治区级非物质文化遗产，并在＿＿＿＿＿＿年列入宁夏回族自治区非物质文化遗产代表性项目名录。

二、选择题

1. 关于中国古代牛文化的描述是错误的是（　　　　）。

　　A. 炎帝被尊为农业之神

　　B. 蚩尤被尊崇为九黎部落的领袖

　　C. 牛在古代中国主要用于祭祀

　　D. 牛在甲骨文中象征财富

2. 老子骑青牛图象征（　　　　）。

　　A. 力量和威权　　　　　　　　B. 智慧与德行

　　C. 战争与征服　　　　　　　　D. 贫穷与落后

3. 乌氏倮作为国家的代表人物，是战国晚期（　　　　）。

　　A. 齐国人　　　B. 楚国人　　　C. 秦国人　　　D. 赵国人

4. 不作为牛在古代社会的用途的是（　　　　）。

　　A. 提供肉、奶等食物来源

　　B. 皮毛用于制作衣物和装饰

　　C. 作为娱乐活动的玩具

　　D. 在战争中充当战争工具

5. 泾源县的地理环境和气候可对打鞭牛产生积极影响的方面的是（　　　　）

　　A. 工业发展　　　　　　　　　B. 湿地资源开发

　　C. 农牧业发展　　　　　　　　D. 矿产开发

6. 泾源打鞭牛游艺可以应用的场景有（　　　）。

　　A. 传统节庆的主题赛事　　　　B. 非物质文化遗产展示

　　C. 纳入学校体育课程　　　　　D. 旅游景点互动体验

三、判断题

1. 出土于西夏陵的鎏金铜牛，是宁夏博物馆的镇馆之宝，国家一级文物。（　　　）

2. 据古籍所述，黄帝姓姜，名轨，号称神农氏，是上古姜姓部落的领袖。相关文献中普遍描绘炎帝具有"人身牛首"的特征。（　　　）

3. 甲骨文的构成中，"甲"特指龟甲，"骨"则指牛骨，在河南安阳殷墟的考古发掘中，发现了大量以牛肩胛骨为材料的卜骨，说明在商代牛已被大量用于祭祀活动。（　　　）

4. 泾源县的气候特征是春季温暖、夏季炎热、秋季长、冬季短暂。（　　　）

5. 打鞭牛（毛蛋）游戏的历史悠久，起源于宋代。（　　　）

6. "鞭牛"一词特指制作皮革的工人。（　　　）

四、简答题

1. 中国牛文化的独特性何在？与世界牛文化有何异同？

2. 牛在农业社会中扮演什么角色？对人类社会有何影响？

五、论述题

请简述将打鞭牛活动融入传统节庆和文化旅游的方式及其对当地社会和经济可能带来的积极影响。

第二部分　技能篇

项目一　泾源打鞭牛游艺概述

🏀 **导读**

在本项目中，我们将深入探究打鞭牛非物质文化遗产的体育实践操作。首先，概述打鞭牛非物质文化遗产的基础知识及其历史沿革，阐释竞赛规则，包括比赛的组织架构、评分机制以及违规行为的处理方式，以便于全面理解比赛流程。其次，深入分析技术标准，包括运动员技能要求、动作规范以及训练方法，以助于深入理解比赛表现并掌握相关技巧。最后，分析竞技策略，探讨运动员如何运用智慧和技巧应对比赛，制定有效的获胜策略。

🏀 **学习目标**

【知识目标】

1. 了解打鞭牛游艺的相关知识。

2. 熟悉打鞭牛游艺的基本规则及其操作流程。

3. 深入理解打鞭牛游艺的竞赛流程。

【技能目标】

1. 提升参与和体验打鞭牛游艺的实践技能。

2. 增强组织和策划鞭牛游艺活动的能力。

【素质目标】

1. 增强对民族传统文化的尊重与保护意识。

2. 培养团队协作精神和公平竞争的态度。

3. 提高学生的应急处理能力。

任务一　打鞭牛的基础知识

一、传统打鞭牛器械介绍

（一）鞭牛球

1.定义。在打鞭牛运动中，攻守双方所使用的击打和投掷对象为球状的毛纺制品。这种球状的毛纺制品通常由羊毛或牛毛经过纺织加工而成，具有一定的弹性和柔软度，使得运动员在使用时能够更好地控制力度和方向。

在比赛中，攻守双方通过使用这些球状的毛纺制品来进行击打和投掷动作，以达到得分或防守的目的。这种特殊的击打和投掷工具不仅增加了比赛的趣味性和观赏性，还对运动员的技巧和反应能力提出了更高的要求。

2.规格。鞭牛球的外观设计与垒球颇为相似，通常由羊毛或牛毛紧密缠绕和编织形成直径约15厘米的球体。此外，存在一种替代方案，即采用直径约12厘米的充气皮球作为核心，再以胶水将牛毛粘贴于其外层，从而制成类似产品。但鉴于其球体重量较重，在投掷时可能对运动员身体造成一定伤害，出于安全考虑，不建议使用这种较重的鞭牛球。

3.制作流程。传统意义上，鞭牛球（如图2-1所示）主要由牧童手工精心制作。首先，将羊毛或牛毛适度湿润，然后通过持续的揉搓动作，促使纤维之间相互缠绕，从而形成一个核心；其次，利用搓制的羊毛或牛毛线，缠绕于核心之上，逐步构建出一个具有弹性的毛绒球体；再次，继续添加羊毛或牛毛和线体，以进一步扩展毛球的体积，增强其弹性；最后，通过精湛的缝纫技艺，利用细密的针线反复缝合，确保毛球的结构坚实且紧密。毛球的尺寸大约与一个较大的拳头相当。

图 2-1　鞭牛球

制作精良的鞭牛球展现出卓越的弹力，适合拍打和投掷，因此成为放牛娃们极为喜爱的自制玩具。

（二）牛响板

1.定义。牛响板，又称击球器，由牛肩胛骨制成，主要作用于打鞭牛运动发球阶段。运动员击打鞦牛时，牛响板用于击球，其设计和制作旨在优化击打效果，提升运动员表现力和比赛的观赏性。

2.规格。牛响板（见图2-2）的制作主要采用牛的肩胛骨作为原材料，该骨板的尺寸一般在50~60厘米。为方便持握，工匠们会细致地打磨三角叉骨的突出部分，使其变得光滑易握。同时，工匠们会在骨板边缘精心钻孔，是为了安装铃铛或彩条，在使用时会发出悦耳的响声，有美化视觉的效果。

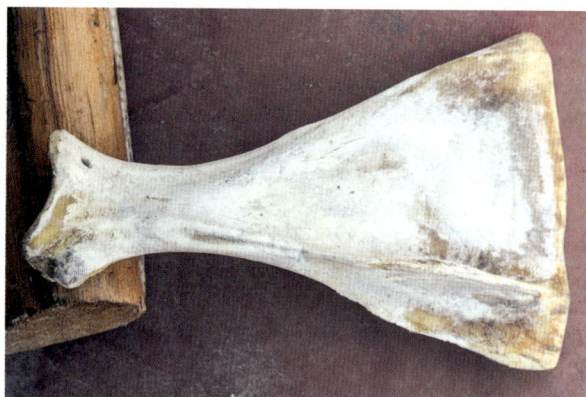

图2-2　牛响板

（三）发球器

1.定义。在打鞦牛运动中，有一种专门设计的杠杆弹射装置，这种装置的主要功能是通过踩踏的方式，使杠杆产生弹力，从而将鞦牛弹起。这种装置的设计初衷是为了提高打鞦牛运动的效率和趣味性，使得参与者能够更加轻松地将鞦牛弹起，同时也增加了比赛的观赏性和互动性。通过这种杠杆弹射装置，参与者可以更好地控制鞦牛的弹起高度和方向，从而在比赛中取得更好的成绩。

2.规格与性能。发球器的设计与制造以木材为主体材料，确保了整体结构的坚固耐用性。设计者在设备两侧特意融入了牛角形状的装饰性元素，不仅赋予了设备实用功能，还增添了独特的审美价值。设备的宽度约为80厘米，这一尺寸既便于操作，又确保了设备的稳定性。发球杆的长度约为75厘米，这样的设计使得运动员在操作时能够更加轻松自如地控制设备。

（四）牛铃架

1.定义。牛铃架是一种特殊的装置，主要由一个支架和一组铃铛组成（如图2-3）。在打鞦牛比赛中，牛铃架被用作一个重要的目的地标识。当攻方的队员成功碰触到牛铃架上的铃铛时，他们就可以折回往回跑，表示完成任务。这个过程不仅考验了

图 2-3　牛铃架

队员的速度和反应能力，还增加了比赛的趣味性和互动性。

2. 规格。牛铃架的高度一般设定在 1.5 米左右，但可根据实际需求及场地条件作出适当调整。该支架可采用木质或不锈钢材质，两者各具特色。木质支架散发出自然之美，而不锈钢钢管则以坚固耐用、便于清洁和维护见长。牛铃架顶端悬挂一条装有铃铛的绳索。铃铛的尺寸及音量需恰到好处，以便队员接触时能发出清晰的响声，保障比赛顺畅进行。设计牛铃架时，必须充分考虑其稳定性和安全性，以确保在激烈的竞技过程中不会轻易倾倒或损坏。

（五）计时器

1. 器物选择。传统打鞑牛的计时器，采用了一种上宽下窄的三角形或四方形木质方斗设计。方斗，这种古老的器具原本是用来称量粮食体积的工具，在中国古代的计量体系中扮演着重要的角色。一斗的容量等于十升，而十斗则恰好等于一石。除了用于称量粮食，人们也巧妙地将方斗用于计时。以三角形方斗计时器（如图 2-4）

图 2-4　计时器

为例，底部设有小孔，以确保小米能够顺畅地流出。方斗的边侧配有木柄，便于使用绳索将其悬挂。方斗内部装填小米，用以计时。这种计时器操作简便，成本低廉，在多种场合均能使用。

2.形态特点。木质方斗，结构设计呈现上宽下窄的形态。方斗多以木板铆合而成，坚固耐用，足以应对长期使用。此设计不仅具备审美价值，亦兼具实用性，能够满足多样化的计量需求。

3.使用方法。首先，需利用绳索将方斗悬挂在支架之上，确保其稳定性。随后，使用塞子封闭方斗底部的小孔，以避免小米过早地流出。通过调整漏斗底部孔洞的大小，可以控制小米流出的速度，从而达到计时的目的。在方斗下方放置一个桶，以便收集流出的小米。接着，将约5千克的小米倒入方斗内，预备开始计时。一般来说，这种计时方法的时长在7~10分钟。这种计时方式虽然简单，但非常实用，尤其在没有现代计时工具的古代社会中，显得尤为重要。

当裁判员发出比赛开始的指令后，计时员迅速移除塞子，让小米自然地落入桶中。最终，当方斗内的小米完全漏尽，便宣告比赛时间结束，停止计时。这种计时方式简洁明了，便于执行。

方斗在泾源地区不仅用于农业生产计量，也用于日常生活计时，体现了该地区农牧文化的融合，这种多功能性也展现了当地人民的智慧和对传统工具的灵活应用。

二、场地布置

（一）场地选择

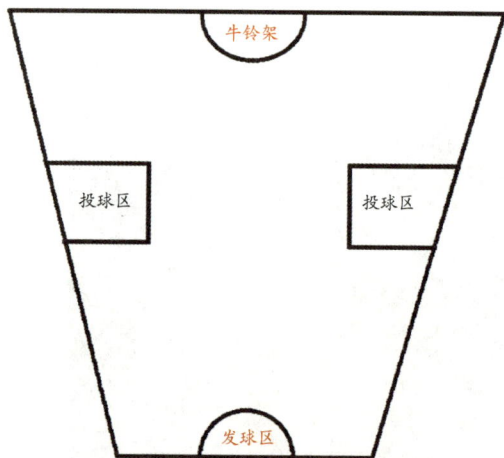

图2-5　打鞭牛场地示意图

在开展打鞭牛活动时，挑选适宜的场地至关重要。理想的活动场所应具备宽敞且平整的特质，以便参与者能够自如地进行各项动作与活动。操场草地或广场均是打鞭牛活动的优选场地。草地柔软且富有弹性，有助于降低受伤风险并提升活动的趣味性；而广场虽为硬化地面，却能提供充足的空间和平坦的场地。场地上应标示好各关键区域（如图2-5），以保证活动的正常开展。

（二）场地布置

1. 发球区：位于场地的下端，应划定一个半径大约为 3 米的圆形区域，该区域将作为发球区。以该圆形区域的中心点为基准点，绘制一条长度约为 15 米的底线，该底线应是场地的下端。

2. 牛铃架：以发球点的圆心为基准，在其 30 米远处划定一个半径约为 2 米的圆形区域，用以放置牛铃架。以牛铃架的中心线为基准，向两侧各延伸 20 米，形成底边线。

3. 场地外缘线：以牛铃架两侧的底边线为基准，绘制出两侧的边线，以此形成整个场地的边界轮廓。

4. 投球区：位于牛铃架约 10 米远的地方，场地两侧各设有一块长 6 米、宽 4 米的矩形区域。这两个矩形区域专为投球手所用，以便于他们在比赛中进行投球动作。

通过这样的布局，确保场地各部分具有明确的功能和位置，为比赛的顺利进行提供必要的条件。

【课程资源】

打鞭牛的基础知识

任务二　打耖牛的竞赛规则

一、参赛队伍

（一）队伍命名

在比赛开始之前，各个参赛队伍需要为自己队取一个独特的名字，并且要提前将这个名字告知组委会或者裁判，以便于比赛的顺利进行和队伍的识别。

（二）队伍组成

1. 正式队员。队伍的组成需要遵循一定的规则。首先，每个队伍必须有一个领队和一个队长。领队负责队伍的日常管理和协调工作，而队长则是球队在场上的领导者和代表。领队和队长的人数都是 1 人。此外，队伍中的正式队员人数不得超过12 名，这些队员是比赛中的主要力量。

2. 替补队员。除了正式队员之外，队伍还可以有替补队员。替补队员的数量通常在 3 名左右，他们可以在比赛过程中替换正式队员，以应对各种突发情况或者战术调整。替补队员同样需要具备一定的实力和技能，以便在需要时能够为队伍作出贡献。

3. 队长。在比赛中，队长扮演着非常重要的角色。作为球队在场上的代表，队长需要佩戴明显的标识，以便于裁判和观众识别。队长有权与裁判进行交流，提出疑问或者解释球队的情况。当队长需要离开球场时，例如因伤下场或者被罚下场，教练需要立即确定场上新的队长，并且通知裁判员，以确保比赛的顺利进行和队伍的有序管理。

二、场地功能

（一）场地边界

场地边界的设计，类似于垒球场的布局，主要功能是为了限定发球方的发球方向。在进行发球时，球必须沿着既定的方向飞行，不得偏离场地两侧的边界线。如果发球时球超越了左右两侧的边界线，那么这次发球将被视为无效，需要重新进行发球。

（二）发球处

放置发球器的地方，是进攻方进行发球的起点。在这个位置，进攻方的队员将启动他们的进攻行动，通过发球器将球发向对方场地，从而展开比赛的争夺。

（三）牛铃架

牛铃架是比赛场地中一个重要的设施，被放置在特定的位置，供进攻方的队员触碰并绕过折返。在绕过牛铃架后，队员需要迅速返回，完成整个进攻动作。为了确保比赛的公平性，需要设置一名裁判员在牛铃架旁边，负责裁定队员是否有效触碰了牛铃架，并且是否按照规则绕过牛铃架后折返。这样的设置不仅增加了比赛的趣味性，也确保了比赛顺利进行。

（四）投掷手位置

在比赛中，防守一方的投掷手所处的位置具有特定的活动范围。为了确保比赛的公平性和顺利进行，防守方需要在两侧投掷手的位置各安排 1 名队员，这些队员的主要任务是负责投掷鞭牛球，以击打进攻方的队员。这种安排旨在加强防守方的防守能力，确保投掷手能够更好地执行其职责。需要注意的是，在投掷手的活动范围内，除了这 2 名负责投掷鞭牛球的队员外，防守方的其他队员不得进入该区域。这样的规定有助于避免混乱和潜在的犯规行为，确保比赛的顺利进行。

三、时间安排

（一）常规赛

比赛的正式时间长度为 7~10 分钟，主要以计时器为准。比赛开始后，参赛双方将进行激烈的角逐，直到计时器显示时间结束。在比赛时间耗尽的那一刻，无论场上情况如何，比赛都将立即停止。随后，双方队伍将进行攻守角色的互换，准备迎接下一轮的较量。

（二）加时赛

如果在规定的比赛时间内，两支参赛队伍出现平局，那么比赛将进入加时赛阶段。加时赛是为了决出最终的胜者，因此，当比赛时间结束而比分持平的情况下，双方将进行额外的时间争夺，直到有一方在加时赛中取得领先，从而赢得整场比赛的胜利。

四、违规、犯规与罚则

在比赛进程中，若进攻方队员在发球阶段发生失误，例如未能击中目标球、击球距离未达到规定标准（不足 5 米）或发球超出界线，裁判将吹哨宣布发球无效，并指示重新发球。若进攻方队员连续 3 次发球失误，裁判将剥夺其发球资格，并指定其他队员接替发球任务。

对于防守方的投掷手来说，接球后球不得在手中停留时间超过 12 秒。裁判会在接近 8 秒时发出哨声以示提醒，若投掷手超过 12 秒仍持有球，裁判将吹哨判定违规，并由记分员记录在案。若违规次数累计达到 5 次，将对球队进行扣分处理。

在比赛进行过程中，无论是进攻方还是防守方，队员均不得故意冲撞对方。若发生从背后袭击或冲撞对方的行为，裁判会判定为犯规。若某队犯规累计达到 3 次，会对其扣分。若犯规行为严重，裁判有权直接扣分并取消该队参赛资格。

【课程资源】

打鞄牛的竞赛规则

任务三　打鞭牛赛前热身

在比赛开始之前，进行充分的热身是非常关键的。热身环节不仅能够帮助参赛者调整身体状态，还能有效预防运动损伤，提高比赛表现。热身活动应包括两个主要部分：提高心率的练习和动态拉伸的练习。

一、提高心率的练习

提高心率练习的主要目的是通过提高身体温度，增加肌肉的柔韧性，从而减少运动损伤的风险。具体方法包括原地慢跑、高抬腿跑和后踢腿跑等。

（一）训练方法

1. 原地慢跑。这是一种简单而有效的热身方式。参赛者站立，双脚并拢，然后开始原地跑步，逐渐加快速度，持续时间30~60秒。这个动作可以帮助身体逐渐进入运动状态，提高心率，为接下来的高强度运动做好准备。除了原地慢跑，也可以进行绕场慢跑热身（如图2-6）。

图2-6　绕场慢跑热身

2. 高抬腿跑。参赛者站立，先抬起一条腿，膝盖向上至尽可能高的位置，然后换另一条腿。交替进行，持续时间30~60秒。这个动作可以有效提高心率，同时锻炼腿部肌肉的力量和柔韧性。

3. 后踢腿跑。参赛者向前跑动的同时，尽量将脚后跟踢到臀部，交替进行，持续时间30~60秒。这个动作不仅可以加快心率，还能有效拉伸大腿的肌肉，提高运动表现。

4. 跳跃开合。首先，保持站立姿势，双脚并拢。随后，用力向上跳跃，同时将双脚向两侧展开，双臂则向上伸展直至头顶上方，形成"X"形状。在双脚着地时，应确保膝盖保持轻微弯曲状态，以便吸收落地时的冲击力。紧接着，再次跳跃，双脚并拢，双臂回落至身体两侧，恢复至初始站立状态。此动作建议持续进行30~60秒。由于该动作对膝关节的冲击力较大，因此在着地时应尽量使用脚掌前部接触地面，避免脚跟着地，并保持膝盖微弯，避免过度伸直，以降低对膝关节的冲击，从而减少受伤的风险。

（二）注意事项

1. 逐步提升运动强度。初始阶段应从低强度的活动着手，随后根据个人适应情况逐步提高运动强度，以便身体能够有序地适应。

2. 全面性热身。热身运动应全面覆盖身体各主要部位，包括但不限于上肢、下肢以及躯干。

3. 适宜的热身时长。热身运动的持续时间应控制在5~15分钟之间，该时长应根据个人的体能状况及即将进行的运动强度来适当调整。

二、动态拉伸练习

在热身的早期阶段，通过进行一系列的动态拉伸动作，可以有效提高肌肉的温度和灵活性，让肌肉在运动中逐渐适应即将到来的高强度活动。这些动作包括但不限于摆臂、踢腿、转体等。

（一）训练方法

拉伸练习（见图2-7）是运动前不可或缺的准备活动，它能够提升肌肉的温度、增进关节的灵活性，降低运动伤害的风险。

图2-7 拉伸练习

1. 肩部拉伸。将一侧手臂横置于胸前，以对侧手臂轻握肘部，向躯干方向施加适度拉力，持续 15~30 秒，随后换另一侧进行。

2. 胸部拉伸。站立姿势下，双手置于背后并交叉，手指相扣，轻轻向后伸展，保持 15~30 秒。

3. 腰部扭转。双脚分开与肩同宽站立，双手置于腰部或交叉抱肘，缓慢向左及向右进行腰部扭转。

4. 腿部拉伸。站立时，一腿前伸，另一腿保持伸直，身体向前倾斜，以拉伸后腿的筋，持续 15~30 秒，之后交换双腿。

5. 全身拉伸。站立，一腿前迈，身体向前倾，双手尽量触及脚尖或地面，进行全身拉伸，持续 15~30 秒，然后换腿。

（二）注意事项

1. 循序渐进。在热身初期应避免长时间的静态拉伸，因为这可能会影响肌肉的力量和爆发力；拉伸动作应温和，以有轻微的拉伸感为宜。每个动作持续时间应为 15~30 秒，避免进行弹跳式拉伸。若出现疼痛感，应立即停止拉伸。

2. 呼吸控制。在热身的过程中，保持均匀而深长的呼吸是非常重要的。这样可以确保身体获得充足的氧气供应，同时避免在运动中出现憋气的情况，从而保持身体的稳定和协调。

3. 避免过度疲劳。热身运动是为了让身体逐渐进入状态，而不是过度消耗体力。热身运动的强度和时间应适度，避免过度疲劳。如果热身过程中感到过于疲惫，可能会影响随后的运动表现，甚至增加受伤的风险。因此，根据个人的体能和柔韧性，适度调整拉伸的深度和持续时间。

【课程资源】

打鞭牛赛前环节

任务四　打毽牛比赛入场

一、列队候赛

在赛事启幕之际，各参赛队伍在领队的引领下，步伐一致地跑步进入竞技场地。迅速在指定的发球区域集结成队，展现出敢于争先的进取精神和团队协作精神。队伍集合完毕后，队员们聚精会神地倾听裁判的指令，确保比赛流程得以顺畅推进。

二、猜拳决定首攻权

裁判鸣哨，标志着比赛即将正式开始。此时，双方领队从各自队伍中步出，前往场地中央进行猜拳（见图2-8）。猜拳规则为三局两胜制，即两位领队需进行三轮猜拳，胜者将获得首攻权。此环节不仅考验领队的反应力和决策力，也为比赛增添了趣味性和不可预测性。

图 2-8　领队猜拳

猜拳，是一种广受喜爱的民间游戏，与传统的"石头剪刀布"类似。三种手势分别代表石头、水和砂锅。具体而言，紧握的拳头代表坚硬的石头；手掌完全展开，平置于面前，象征清澈的水；五指分开并弯曲，则代表砂锅。游戏规则为石头胜砂锅，砂锅胜水，水又胜石头。此简单游戏，不仅富有趣味，还能锻炼队员的反应和策略思维。

裁判再次鸣哨，正式宣布猜拳结果。攻守双方队员迅速进入场地，各自就位，做好比赛准备。攻方队员在场地一侧整齐排列，其中一位站位显得尤为重要，因为他将负责发球。该发球队员准备发球，而其他队员则在发球线后静候比赛开始。

　　与此同时，守方队员也在场地另一侧做好准备。两位投掷手尤为引人注目，他们步入抛球区，准备执行任务。守方其他队员则在场地两侧自由分散，各自找到合适位置，静待比赛开始。

任务五　打鞭牛比赛

一、发球环节

（一）攻方要领

在比赛的发球阶段，裁判员会细致地审视双方选手是否已准备就绪。一旦双方选手均准备完毕，裁判员便会吹哨，标志着比赛计时正式开始。

图 2-9　发球

1. 发球。负责发球的选手站立于发球区，手持击球工具牛响板，准备对鞭牛球进行击打。发球选手必须确保双脚完全置于发球区之中，遵守所有规定动作。球弹起后，发球选手需用力挥动击球工具，精确地击中鞭牛球（见图 2-9）。

2. 折返跑。鞭牛球被击中后会迅速飞出，此时，所有进攻选手将从发球区快速向牛铃架方向跑动。在跑动过程中，选手们的目标是尽快触碰牛铃架，并在触碰后绕过牛铃架，最终返回至起跑线，如图 2-10。这一过程要求选手们以极快的速度与敏捷性做出反应，因为这关

图 2-10　进攻方进攻

乎他们是否能在限定时间内完成任务，进而影响到整个团队的得分。因此，发球阶段不仅是比赛的起始，也是展现团队实力和战术协作的关键时刻。

（二）守方要领

在比赛过程中，当发球员准备发球时，所有位于抛球区外面的队员必须保持高度警觉。一旦发球员将球发出，这些队员应迅速反应，立即冲向球落点，第一时间捡起球。随后，他们需要迅速而准确地将球传递给位于抛球区内的投掷手，如图2-11。

这一过程要求队员之间有良好的默契和配合，确保球能够及时、安全地传到投掷手手中，以便进行下一步的防守或反击动作。整个过程需要队员具备快速的反应能力和精准的传球技巧，能够有效地阻止对方得分，同时为自己方创造得分的机会。

图 2-11 接球

二、行进环节

（一）躲避

1.攻方策略与职责。发球手击球后，进攻方全体队员应迅速行动，目标是抵达牛铃架所在位置。抵达后，每位队员需触摸牛铃架，随后绕过它返回起点。在此过程中，他们需巧妙地避开防守方队员投掷的鞭牛球（如图2-12），若进攻方成员不幸被鞭牛球击中，则该队员将停留在原地，等待队友的救援。其他未被击中的队员则需继续前进，全力返回发球线。只有当所有未被击中的进攻方队员成功返回发球线，该躲避阶段才算完成。整个过程中，进攻方需保持高度警觉和敏捷性，以确保任务顺利完成。

图 2-12 躲避

2.防守方的策略与职责。防守队员在场地边缘承担捡拾被击出的球的任务，将球传递给投掷手，投掷手接球后应迅速投掷嗀牛球，目标是击中进攻方队员。这一过程不断重复，直至攻方所有队员均安全返回起点。裁判员吹哨，宣告比赛进入下一阶段。

3.进攻方队员被击中后的规则与判定。在比赛进行过程中，若进攻方队员被嗀牛球击中，裁判员将吹响短哨，并明确指出被击中的具体位置。除被击中的队员需返回被击中的位置等待救援外，其他队员应继续比赛，不受此影响。若在被击中之前该队员未触及牛铃架，则需面向牛铃架半蹲，等待队友救援。一旦被救援后，他需继续完成剩余的比赛路程。

4.进攻方得分及救援程序。在此环节中，若进攻方队员均未被击中，则他们获得2分的奖励，并得以继续执行下一轮进攻。一旦有队员被击中，比赛随即转入救援程序，进攻方队员必须采取适当的救援行动，以协助被击中的队友恢复比赛。通过此机制，比赛在紧张刺激的氛围中展开，队员们在躲避嗀牛球攻击的同时，需努力完成比赛任务。

（二）营救

在游戏进行期间，若攻方队员身体接触牛铃架后准备返回途中不幸被击中，该队员应立即采取背对牛铃架的半蹲姿势，保持静止状态，等待救援（见图2-13）。在救援行动中，攻击方需指派一名队员执行救援任务。营救者抵达预定位置后，裁判将吹哨示意，营救者正式开启营救动作。

图2-13 等待救援

1. 营救行动要求。营救者在接到球后，需要迅速将鞄牛球打出，并且快速奔向牛铃架。首先，营救者需要营救那些面向牛铃架的队员。只要用手触碰到队员的肩膀，就算完成了对该队员的营救，如图 2-14。成功营救完面向牛铃架

图 2-14　营救动作

的队员后，营救者需要继续前进，绕过牛铃架，然后营救那些背对牛铃架的队员。如果在途中没有被击中，那么这次营救就算成功。

2. 营救失败与结果。如果在营救过程中，营救者不幸被鞄牛球击中，那么他将被视为"阵亡"，进攻方需要派出下一名队员继续进行营救。整个营救过程共有 4 次机会，如果在 4 次机会内成功营救出所有队员，那么进攻方将获得 1 分。如果 4 次营救机会用完，但仍有队员未能被救回，那么进攻方将被视为失败，裁判将宣布进攻失败，记 0 分。随后，游戏将重新进入进攻环节。

3. 防守方策略与职责。在比赛过程中，防守方必须遵循躲避的规定。边缘的队员负责拾取鞄牛球，并将其交给投掷手。投掷手的职责是发起攻势，目标是攻击那些正在执行救援任务的进攻方队员以及那些已被救援并复活的队员。重要的是，若击中对象为尚未被救援复活的队员，则该次攻击将被认定为无效。

【课程资源】

打鞄牛比赛

任务六　打鞭牛比赛退场和计分

一、退场环节

裁判台一旦发出比赛结束的信号，比赛即刻停止。无论此时球是否仍在运动，比赛的终止是不可逆转的事实，裁判员在比赛结束时宣布得分情况，随后双方交换攻防位置。若当前场次比赛已全部结束，裁判员将正式宣布比赛结果，随后进入退场环节。

在退场环节中，败者采取背负或举起胜者代表人员的方式离场（如图2-15），通过这种方式，败者以积极的态度接受比赛结果，并向胜者表达祝贺与尊重。这样的传统不仅能够增强团队间的凝聚力，营造竞技氛围，还能提升比赛的观赏性，使观众感受到比赛的激情和运动员间的友谊。

图2-15　退场

二、比赛计分

在比赛的得分与胜负判定规则中，通常存在以下几种情形。

1.当进攻方在往返跑途中，若队员遭受攻击但最终得以成功营救，则该轮进攻将被赋予1分。

2.若进攻方在往返跑过程中，队员未遭受任何攻击，则该轮进攻将被赋予2分。

3.若进攻方在进行4次营救尝试后，仍未能成功，则该轮进攻将被赋予0分。

在确定比赛名次方面，各队的积分将作为核心依据。比赛结束后，所有队伍将依据其得分进行排名。若出现两队或两队以上得分相同的情况，则这些队伍需进行加时赛，以进一步确定胜负。加时赛的规则与常规比赛保持一致，通过得分高低来决定最终的排名。此法确保了比赛的公正性和竞争性，使每支队伍都有机会在加时赛中展现自身实力，争取更佳名次。

【课程资源】

打鞭牛比赛退场和计分

打鞭牛的思维导图

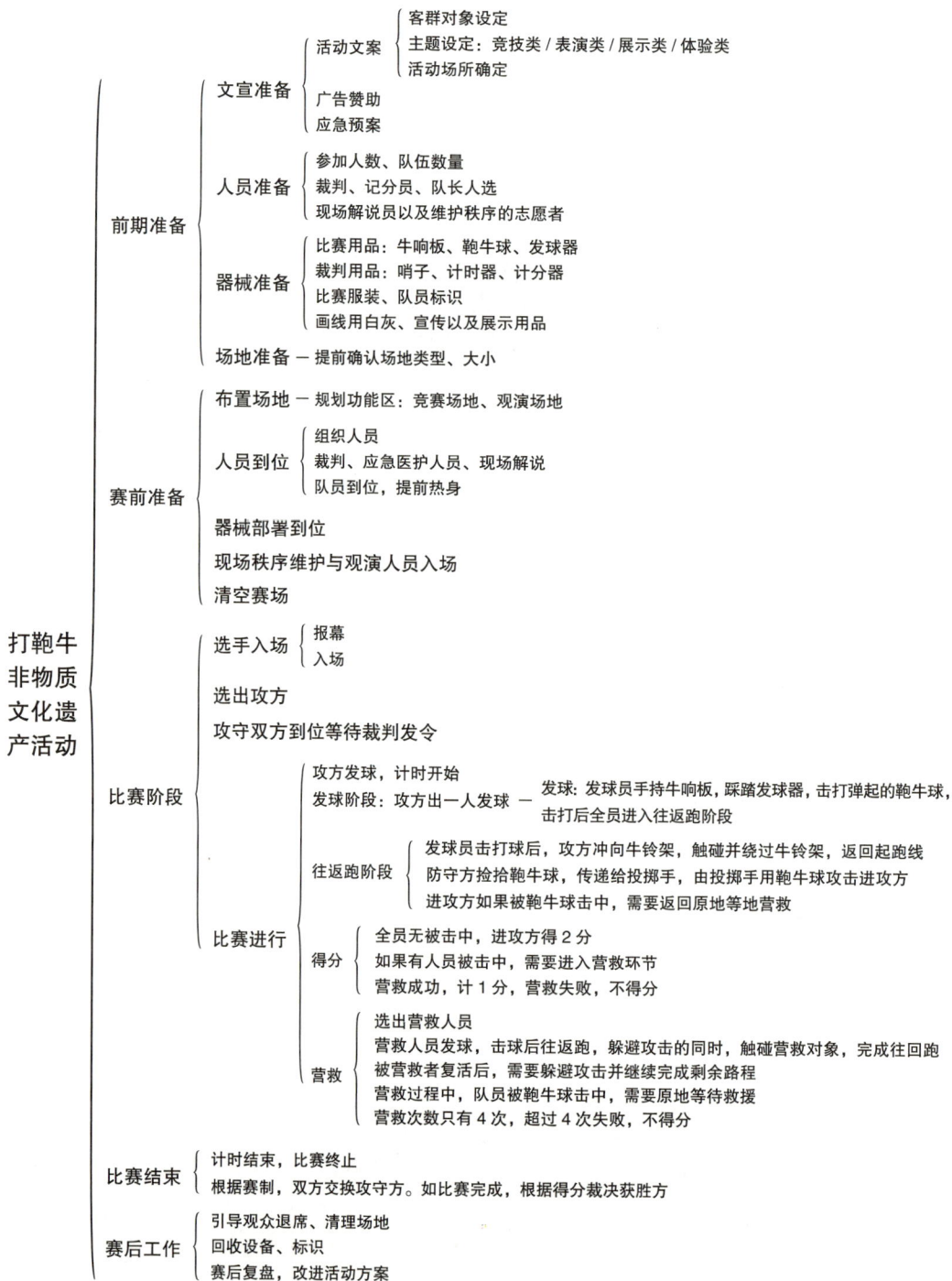

打鞭牛非物质文化遗产活动

前期准备

文宣准备
- 活动文案
  - 客群对象设定
  - 主题设定：竞技类 / 表演类 / 展示类 / 体验类
  - 活动场所确定
- 广告赞助
- 应急预案

人员准备
- 参加人数、队伍数量
- 裁判、记分员、队长人选
- 现场解说员以及维护秩序的志愿者

器械准备
- 比赛用品：牛响板、鞭牛球、发球器
- 裁判用品：哨子、计时器、计分器
- 比赛服装、队员标识
- 画线用白灰、宣传以及展示用品

场地准备 — 提前确认场地类型、大小

赛前准备
- 布置场地 — 规划功能区：竞赛场地、观演场地
- 人员到位
  - 组织人员
  - 裁判、应急医护人员、现场解说
  - 队员到位，提前热身
- 器械部署到位
- 现场秩序维护与观演人员入场
- 清空赛场

比赛阶段
- 选手入场
  - 报幕
  - 入场
- 选出攻方
- 攻守双方到位等待裁判发令
- 发球阶段：攻方出一人发球
  - 攻方发球，计时开始
  - 发球：发球员手持牛响板，踩踏发球器，击打弹起的鞭牛球，击打后全员进入往返跑阶段
- 往返跑阶段
  - 发球员击打球后，攻方冲向牛铃架，触碰并绕过牛铃架，返回起跑线
  - 防守方拾捡鞭牛球，传递给投掷手，由投掷手用鞭牛球击打进攻方
  - 进攻如果被鞭牛球击中，需要返回原地等地营救
- 比赛进行
  - 得分
    - 全员无被击中，进攻方得 2 分
    - 如果有人员被击中，需要进入营救环节
    - 营救成功，计 1 分，营救失败，不得分
  - 营救
    - 选出营救人员
    - 营救人员发球，击球后往返跑，躲避攻击的同时，触碰营救对象，完成往回跑
    - 被营救者复活后，需要躲避击打并继续完成剩余路程
    - 营救过程中，队员被鞭牛球击中，需要原地等待救援
    - 营救次数只有 4 次，超过 4 次失败，不得分

比赛结束
- 计时结束，比赛终止
- 根据赛制，双方交换攻守方。如比赛完成，根据得分裁决获胜方

赛后工作
- 引导观众退席、清理场地
- 回收设备、标识
- 赛后复盘，改进活动方案

思考与练习

一、填空题

1. 在打鞦牛运动中，使用的球状毛纺制品被称为_____。

2. 牛响板取材于牛的_____。

3. 发球器的设计利用了物理学中的_____原理。

4. 在打鞦牛比赛中，如果攻方在往返途中有队员被击中但最终成功营救，这一轮进攻将被计_____分。

5. 在打鞦牛比赛中，如果发球选手连续_____次发球失误，将取消其发球资格。

6. 比赛中，防守方投掷手在接球后，必须在_____秒内将球投掷出去。

二、选择题

1. 关于鞦牛球的规格，以下描述是正确的是（　　　）。

　　A. 直径大约为 15 厘米的球体

　　B. 只能使用羊毛制作

　　C. 不推荐使用较重的鞦牛（毛蛋）球

　　D. 必须使用充气皮球作为内核

2. 牛响板的尺寸一般在（　　　）。

　　A.30~40 厘米

　　B.50~60 厘米

　　C.70~80 厘米

　　D.90~100 厘米

3. 比赛中，以下不属于犯规行为的是（　　　）。

　　A. 从背后袭击或冲撞对方

　　B. 连续发球失误

　　C. 故意冲撞对方

　　D. 投掷手在规定时间内投球

三、判断题

1. 鞦牛球只能由羊毛或其他动物毛发经过纺织加工而成。（　　　）

2. 比赛中，如果发球选手未能击中鞦牛球，裁判将直接判定该选手失去发球资格。（　　　）

3. 比赛中，如果防守方投掷手在规定时间内未投掷球，裁判将判定为违规，并由记分员记录。（　　）

4. 比赛中，如果进攻方在躲避阶段无一人被击中，他们将获得 1 分。（　　）

四、简答题

1. 简述比赛中发球环节的规则和注意事项。

2. 简述比赛中防守方的职责和策略。

项目二 打靶牛技术规范与竞技策略

导读

本项目系统学习打靶牛技术、战术、训练、安全四大核心技术，涵盖器械操作规范（牛响板、发球器、牛铃架）、攻防战术配合（进攻滞空控制与防守拦截投掷）、阶梯式体能训练及损伤预防应急体系（关节防护、RICE 急救、康复管理），通过科学化训练，闭环实现竞技水平与安全防护双提升，适用于全阶段参与者实践应用。

学习目标

【知识目标】
1.掌握打靶牛技术规范的相关知识。
2.熟练使用打靶牛相关器械，并遵循技术规范。

【技能目标】
1.掌握发球、投掷球、往返短跑技巧，并严格遵守技术规范。
2.掌握运动损伤的应急处理办法。

【素质目标】
1.培养学生在体育竞技中的策略思维。
2.培养学生的责任感和主体意识。

规则之变：体育竞技中的策略与适应艺术

在体育竞技的世界里，规则的变化如同不断变换的风向，对比赛的策略、技术和运动员的表现产生深远的影响。每一次规则的调整都是对运动员、教练和整个运动项目的一次全新考验。

规则变更往往旨在提高比赛的公平性、观赏性或安全性。这些变更可能涉及比赛时间、得分系统、装备要求或比赛流程等方面。对运动员而言，规则的改变意味着他们需要重新审视和调整自己的比赛策略和技术动作。

首先，规则变更会影响比赛的策略构建。教练和运动员必须深入分析新规则对比赛走势的影响，制定相应的应对策略。例如，如果规则调整增加了对防守的难度，进攻型运动员可能会获得更多的机会，而团队则需要重新设计进攻战术。

技术层面上，规则变更可能要求运动员学习新的技术或改进现有技术。这种适应过程可能会带来挑战，但也是技术革新的机遇。运动员需要在训练中不断试验和调整，以确保在比赛中能够熟练运用新技术。

规则变更对运动员表现的影响是多方面的。对于一些运动员来说，新规则可能提供了展示个人才能的新平台；而对于其他运动员，则可能需要更多的时间来适应变化，找回最佳状态。无论如何，规则变更都促使运动员保持灵活性和适应性，不断提升自己的竞技水平。

此外，规则变更也可能影响比赛的观赏性。一些变更可能使比赛更加激烈和不可预测，吸引更多观众的关注；而另一些变更则可能需要时间来被广泛接受。体育组织在制定新规则时，需要平衡运动员表现、比赛公平性和观众体验之间的关系。

国际体育比赛中的规则变更还可能带来国际竞争格局变动。不同国家和地区的运动员对规则变化的适应速度和程度可能不同，这可能会影响他们在国际竞技台上的表现和竞争力。

为了应对规则变更带来的挑战，运动员和教练需要保持开放的心态，积极拥抱变化。通过持续的学习和适应，更好地把握规则变更带来的机遇，提升自己的竞技能力。

　　总之，规则变更是体育竞技发展过程中不可避免的现象。它考验着运动员、教练和体育组织的适应能力和创新精神。通过积极应对规则之变，体育界可以不断推动技术进步，提升比赛水平，为观众带来更加精彩的体育盛宴。

　　　　　　　　　资料来源：雨姐．规则之变：体育竞技中的策略与适应艺术

任务一　打鞭牛器械使用技术规范

在打鞭牛比赛中，运动员发球时需遵守技术规范，使用牛响板和踩踏发球器（见图2-16）。牛响板由通常由牛骨或适宜材料制成，用于控制和施力；踩踏发球器固定于地面，使鞭牛球弹起。运动员要协调手足动作，迅速击打弹起的球，保持平衡和动作连贯。在使用相关器械前，应进行安全检查，并保持适当的距离，遵循裁判的指导和比赛规则，以确保比赛的公平性和顺利进行。

图2-16　踩踏发球器

一、牛响板的使用技术规范

牛响板的长度通常约为50厘米，便于单手操作。在使用时，一般选择惯用手紧握牛响板的柄部，以便于用击打鞭牛球。在握持牛响板的过程中，有几个关键点需特别注意。

1. 手掌与手指需完全包覆牛响板的柄部，以确保握持的稳定性。

2. 在握持牛响板时，手指应自然弯曲，以确保握持的舒适度与灵活性。虎口的位置亦至关重要，需与骨板的侧边紧密贴合，以便于发力时能更精确地击中目标。

图 2-17　持握牛响板姿势

若右手为惯用发力手，则虎口应正对骨板的侧边，以便更精准地控制击打的方向与力度（见图 2-17）。若左手为惯用发力手，也遵循该位置原则，便于更好地发力。

3.在握持时还应注意避免过度用力，以免影响手腕的灵活性及动作的流畅性。

4.挥舞牛响板时，以右手握持牛响板为例，双脚分开站立，膝盖微弯，腹部收紧，胸部内收，降低重心。左肩对准目标，右肩下沉保持平衡。右手握响板，手臂弯曲准备挥舞。保持姿势放松而警觉，以便迅速准确地挥舞响板，提升准确性和力量。

二、发球器的使用技术规范

发球器是基于杠杆原理设计的。发球手只需要将鞑牛球放置在固定的发射点，然后用力踩踏发球器的踏板，利用杠杆的力量，鞑牛球就会顺势弹起，击打后会沿着一条优美的抛物线轨迹飞行。

（一）技术规范

首先，在操作发球器时，应确保发球器的踏柄朝向自己，以便于踩踏并施加力量。

其次，发球器的角度对于击发出的鞑牛球的抛物线角度具有决定性影响。发球者可以通过微调踏柄的垂直角度来改变发球方向，使其偏向左侧或右侧。通过这种方式，可以更精确地调整鞑牛球的落点预期位置。

此外，要确保鞑牛球位于发射柄正确位置上。若球未放置于正确位置，可能会发生滚落，导致受力不均，从而影响其弹跳。因此，在使用发球器之前，务必检查鞑牛球是否处于正确位置。

最后，踩踏力度应保持轻盈而适度。只有踩踏力度适中（图 2-18），才能取得较好的发球效果，若力度过小（如图 2-19），鞑牛球可能抛出过低，影响击打效果；若力度过大（如图 2-20），鞑牛球可能过高或越过头顶，同样不利于发力击打。因此，在踩踏发球器时，应根据个人实际情况，寻找合适的力度，以确保鞑牛球能够以最佳的抛物线角度和高度被击出。

图 2-18　踩踏力度适中

图 2-19　踩踏力度过小

图 2-20　踩踏力度过大

（二）注意事项

1.使用发球器前，请检查牛角形装饰物，确保安全无隐患。操作时保持警觉，防止意外伤害。

2.操作踩踏发球器时，需集中注意力，确保脚部动作准确，防止错误操作。特别注意避免鞭牛球意外飞向面部造成伤害。

3.使用前检查球的固定情况，并保持安全距离。

三、牛铃架的使用技术规范

牛铃架在活动中的作用很重要。使用牛铃架时需注意：进攻方必须触碰并绕过它以完成有效进攻，仅触碰而未绕过则进攻无效（如图2-21）。队员为了使比赛取得预期的效果，进攻方必须完整绕过牛铃架才算有效触碰，避免仅碰触或不完全绕过。绕过时要避让其他参与者，防止冲撞导致受伤，进而影响比赛。因而进攻方队员之间应保持适当距离和速度，确保安全有效。

图2-21　绕过牛铃架

【课程资源】

打鞭牛器械使用技术规范

任务二　打鞭牛技术规范与练习

打鞭牛非物质文化遗产游艺的技术动作涵盖了多个方面，其中包括发球技术、投球技术以及往返跑技术。具体来说，发球技术是指在游艺过程中，参与者需要掌握如何准确、有力地将球发出，以确保球能够顺利地进入游戏区域。投球技术则要求参与者具备一定的技巧，能够将球以恰当的角度和力度抛向目标，以达到游艺的要求。往返跑技术则是指参与者在游艺过程中需要不断地进行快速往返跑动，以保持游戏的连贯性和趣味性。这三项技术动作的完美结合，使得打鞭牛非物质文化遗产游艺更具挑战性和观赏性。

一、发球技术

（一）发球技术规范

发球技术在打鞭牛运动中占据核心地位，首次发球的效果直接决定了防守方反击的时机，因此，对发球技术提出了严格要求，即要求鞭牛球在空中的停留时间要长、飞行距离要远、落点要远离投球区。发球动作本身是一系列连贯动作的组合，要求运动员在踩踏发球器——挥动牛响板——击飞鞭牛球三个环节上一气呵成。因此，在实际比赛中，发球技术的执行也存在一定的挑战。

1.动作要领。轻盈且迅速地踩踏发球器，使鞭牛球腾空而起。在球升空的瞬间，凭借精确的预判，计算出球的运行轨迹。

迅速调整站位，确保处于最佳位置以迎接球的下落。后脚用力踏地，这一动作触发了身体的连锁反应，力量从腰部开始，依次经过肩部，传递至手臂，最终至腕部，利用牛响板中心部位准确击中下落的鞭牛球，完成发球。

2.动作方法。

（1）放置毛球。拿起鞭牛球，将其放置在发球器的指定位置上。在放置的过程中，确保球体稳稳地固定在发球器上，以便进行下一步的操作。

（2）调整角度。仔细观察球场上守方人员的分布情况，分析他们的站位和防守策略，以便找到最佳的发射角度。根据观察到的信息，微微调整发球器的角度，确保球能够顺利地穿越守方的防线，达到预期的效果。

（3）准备动作。完成角度调整后，退后几步，站到一个合适的位置，以便进入准备姿势。调整身体姿态，深呼吸放松身体，集中注意力，准备在合适时机踩下发球器，准确发射鞑牛球。

以右手持板为例，双脚分开，略宽于肩部，膝盖保持轻微弯曲，腹部收紧，胸部内含，重心下沉。左肩应面向发球方向，而右肩下沉。左脚置于前方，右脚则位于后方。

（4）踩踏动作。执行踩踏动作时，脚要精确踩在发球器末端，同时身体后撤调整姿势，预判球路。确保脚准确接触发球器末端时有良好的控制和协调力，同时保持身体平衡，为后续动作做准备。

（5）击球动作。迅速调整姿势以适应击球，注意重心分配，确保能快速反应和移动。同时，紧盯着鞑牛球，预判其落点。

准确预判鞑牛球落点对制定击球策略至关重要，应考虑飞行速度、旋转和风向等因素，这有助于迅速移动到最佳位置，完成精准击球。细节决定成败，只有通过练习和经验积累，才能在比赛中熟练应对。

进行击打动作时，需精准预判以把握最佳时机。预判后，左肩前倾，右肩下沉保持平衡。右脚蹬地，腰部发力，胳膊和手臂协同挥动，确保使用牛响板中部准确击打鞑牛球。这样鞑牛球会被有力击飞。

3.注意事项。在执行发球动作时，我们应留意以下易犯错误，以确保发球的准确性。

（1）力度适中。操作发球器时，力度控制是关键。力度过大，鞑牛球可能被抛得过高，飞行轨迹陡峭，落在身体后方，影响准确性。相反，力度过小，鞑牛球抛物线偏低，飞行轨迹平缓，达不到预期高度和距离，发球效果不佳。因此，要找到恰当的力度，确保最佳发球效果。

（2）预判位置。发球时，应准确预判对手位置和球路。预判失误会影响发球效果，因此需灵活调整位移和撤步。发球前应仔细观察对手位置，做好预判和调整以提高成功率。挥动发力时，放松胳膊，充分打开臂膀，以确保击球的力量和准确性。

（3）精准击球。持握牛响板的正确姿势对发球效果很重要。错误的持握可能导致边缘击中鞑牛球，影响发球。因此，确保持握姿势正确，找准发力位置，避免边缘击中鞑牛球，是保证发球顺利的关键。

4.纠正方法。持续进行踩踏发球器的练习，以便熟悉鞑牛球的运行轨迹。在鞑牛球被击后，应在抛物线下落、重力势能减弱、速度减缓时进行击打。通过这种方式，训练手、眼、脚的协调能力，保持身体的放松状态，并以轻盈的方式发力。同时，练习挥板动作，熟悉发力的整个过程，以形成肌肉记忆。

（二）发球技术的练习过程

1. 练习形式与方法。

（1）无球模仿练习。无球模仿练习的方法要求练习者初步体验手握牛响板的动作感觉，通过模仿教师的动作，确立击球时牛响板的发力姿势和击板方式。此阶段练习的重点在于动作的规范性和准确性，而非力量的大小。

注意在进行无球模仿练习时，练习者应保持身体放松，控制好牛响板的击球部位以及击球的速度节奏。这样可以确保动作的流畅性和连贯性，为后续的击球练习打下坚实的基础。

（2）击打定位球练习。练习者需寻找一个悬挂或固定的鞭牛球，使用牛响板轻轻击打，尝试用牛响板的不同位置击打鞭牛球。通过这种方式，练习者可以体会牛响板的击球部位和触击鞭牛球的感觉。此外，练习者还可以采用各种形式的对练，练习的距离可以由近至远，逐步过渡到击打活动目标。要求在模仿练习的基础上，加深队员对触击球的动作体会，反复多次练习击打鞭牛球不同部位。

注意练习的重点应放在动作的协调性和准确性上，而非击球的力量。通过反复练习，练习者能够更好地掌握击球的技巧，提高击球的成功率和稳定性。

2. 练习要素的变化。

（1）活动方式的演变。对于初学者而言，初始练习击球阶段，宜先进行原地无球的模拟练习，以使他们熟悉动作要领。继而，可转向击打固定球，重点在于感悟牛响板的击球部位以及触击鞭牛球的正确部位。通过此方法，学习者能够逐步构建对动作的感觉和理解。

（2）活动速度的演变。在练习击球过程中，初学者应从较慢的速度着手，确保有充足的时间调整动作，保证击球的准确性。随着技能的逐步提升，可逐渐增加击传球的力量和速度。此外，练习者可从原地击球逐步过渡至碎步位移击球，这不仅能够提升击球的速度，还能增强身体的协调性和灵活性。

（3）技术组合的演变。初学者在初始练习阶段，应先专注于单一动作，确保每个动作都能精确无误地完成。在单一动作掌握熟练之后，可开始结合踏板、撒步等组合动作进行练习。通过此方式，练习者能够逐步将各个动作融合，形成连贯的技术组合，从而提升整体的技能水平。

（三）发球技术教学与训练方法

1. 教学与训练的难点。在发球练习中，重点是控制击球部位和挥拍手法，确保手、眼、脚的瞬间协调，而不是只追求力量。

（1）击球部位。发球时需要精确地控制球板与球的接触点，确保球板的角度和力度恰到好处，以便将球发到预定的位置。

（2）挥板手法。需要经过反复练习，以达到熟练和自然的程度。手、眼、脚的协调配合是发球成功的关键，手部负责控制球板，眼睛需要准确判断球的飞行轨迹，而脚部则负责调整身体的平衡和位置。通过持续练习和调整，可以瞬间实现发球的三个要素——力量、准确性和稳定性的完美结合，从而提升发球的成功率和质量。

2. 教学训练步骤。

（1）讲解。在教学初期，教师应讲解牛响板在打鞭牛比赛中的重要性、技术特点和使用技巧，强调身体协调性的重要性，避免使用蛮力。

（2）示范。教师在讲解后示范发球的各个环节，确保练习者能从多角度如正面和侧面，清晰地观察到每一个技术动作的细节。示范时，教师应边做动作边解释关键点，帮助练习者理解和掌握技术。

（3）练习顺序。在练习者对牛响板的基础理论和技术细节有了初步掌握之后，教师将引导练习者按照既定的顺序进行练习。

首先是踩踏发球器。练习者需学习如何恰当地踩踏发球器。此环节要求学生掌握恰当的力度与节奏，以保证发球器能够顺畅地将球弹射出去。

其次是预判撤步。练习者需练习如何预判球的落点，并在球弹射的刹那执行迅速而精确的撤步动作。此环节对于提升击球的准确度和效率相当重要。

再次是准备姿势。掌握撤步技巧后，练习者需学习并练习正确的准备姿势。这包括握板的姿势、身体的站位以及重心的分配等，为挥板击球做充分的准备。

最后是挥板击球。在此环节中，练习者需将之前学习的所有技巧综合运用，通过身体的协调性，准确而有力地将球击出。教师需在旁进行指导，及时纠正不当之处，确保练习者能够正确地完成每一个动作。

二、投掷球技术

（一）投掷球技术规范

投掷球技术是守方在打鞭牛运动中的核心技艺。该技术主要用于守方队员之间的高效传球和投掷手的攻击环节。精通投掷球技术对于提升守方的防守效能至关重要，因为它能够有效地抑制对方得分。

投掷球技术依据不同的手法，可以细分为投球、掷球和抛球三种。每种手法均

具有其特定的应用场景，防守方队员需依据实际情况作出选择。

1. 投球。通常涉及将手臂抬高至肩部以上，以斜向上的力量将球投掷出去。此手法因力量较大，球速较快，非常适合于快速且远距离的传球。

2. 掷球。通常是指手臂与胸部或腰部保持水平，以斜向下的方式投掷物体，其力量相对较小，主要适用于投掷手击打目标或近距离传球。

3. 抛球。通常手臂与腰部保持水平，或低于腰部，球以斜向上的方式被抛出，主要用于低速传球，以确保队友能够顺利接球。

在实际竞技场合中，防守队员需依据不同情境挑选恰当的投球技巧。各种技巧均要求队员从脚部至手腕依次协调用力，以保障投球的精确度与稳定性。若用力不当，可能会引发肌肉拉伤等运动伤害。因此，防守队员在训练与比赛中必须重视正确掌握用力技巧，以预防不必要的伤害。通过持续的练习与技术提升，防守队员能够更有效地应对进攻方的攻势，从而在比赛中取得优势。

（二）投掷球技术分类

在打鞭牛运动中，投掷球技术根据球速差异，可划分为低速球技术和高速球技术两大类别。

1. 低速球技术。主要依靠腰部力量，通过腰部发力，将力量传递至肩部，随后借助胳膊前后摆动产生的加速度，以较慢的速度将球投出。此技术要求运动员在投掷过程中保持身体稳定与协调，以确保球的准确性和控制性。

2. 高速球技术。更侧重于腿部与腰部的协同作用，通过腿部力量与腰部扭转相结合，为胳膊提供更快的运动速度，从而投掷出高速球，以实现击打目标的目的。鉴于打鞭牛场地宽度相对较窄，仅有 20 米，高速球在这种场地中极易出现失误，导致捡球时间延长。此外，过快的球速可能对运动员造成伤害。因此，在打鞭牛的高速球投掷技术中，严禁采用棒垒球中的高速投掷技巧，如借助助跑、抬腿投球和扭身下投等动作。若运动员在比赛中违反规定使用这些动作，将面临严厉警告的处罚。

（三）低速球击打技术练习

1. 练习形式与方法。在此项练习中，练习者需初步掌握三种不同的发球方式，包括但不限于上手投掷、下手投掷和侧身投掷等。通过这一过程，练习者能够深入理解各种发球方式的特点及其适用场景。

2. 练习目的与效用。投掷球动作的练习是一项基础训练，其目的在于使练习者掌握多种发球技巧。通过细致观察多种投掷球技巧及恰当的发力姿态，练习者在教师的引导下，得以领悟并掌握投掷球的基本技术要领，以及各类技巧在不同情境下的实际应用。

为了实现最佳的练习效果，建议练习者以双人组合的方式进行练习。这种方式，两位练习者可以相互传递慢速球，通过实际操作来感知不同手法的差异。这种互动式的练习不仅能够增强练习者的球感，还能帮助他们更精细地掌握各种发球技巧的细节。

3. 注意事项。

（1）练习者应保持身体的放松状态，避免因紧张而导致动作僵硬。放松的身体有助于提升动作的流畅性和准确性，从而更好地控制球的飞行轨迹和落点。

（2）练习者需要控制好球速和投掷距离。过快或过慢的球速都会影响练习效果，而适宜的投掷距离则有助于练习者更好地感知各种手法的差异。通过不断调整和尝试，练习者可以找到最适合自己的发球方式，从而提升传球的稳定性和接球能力。

（3）练习者在练习过程中应重视与同伴的沟通和配合。良好的沟通可以确保练习的顺利进行，而默契的配合则能够提高练习的效率和效果。通过相互鼓励和支持，练习者可以在轻松愉快的氛围中不断提升自己的技术水平。

（四）高速球击打技术练习

1. 练习形式与方法。在训练中，练习者需在墙面上明确标出一个靶心区域，并不断进行投掷动作，目标是用鞭牛球准确击中该靶心。通过此练习，练习者能够体验到在不同手法下力量的施加和球速的变化，以及如何在瞬间加速以投掷出高速球。练习的起始距离应较短，随后逐渐延长，以便练习者能够适应并逐步过渡至更远距离的投掷。同时，练习者应从固定目标开始练习，随后转向活动目标，以提升反应速度和精确度。

2. 练习目的与效用。在练习过程中，练习者不仅要关注投掷动作的精确性，还需加强对鞭牛球投掷手感的感知。这要求参与者通过反复练习，不断击中靶心，从而更精准地掌握球的飞行轨迹和力度控制。通过这种方式，参与者能够逐步提升投掷技巧和手感。

3. 注意事项。在进行高速球击打练习时，重点在于体会身体从脚至手的连贯发力顺序。这意味着练习者需关注整个投掷动作的协调性和流畅性，而不仅仅是单纯追求投球的力量和速度。通过这种方式，练习者可以更好地掌握投掷技巧，提高投掷的精确性和效率。同时，练习者还需注意安全，避免在投掷过程中发生意外伤害。

4.练习要素的演变。

（1）活动方式的演变。初学者最初进行相互间慢速球的投掷练习，随后转向快速球击打墙面标靶，重点在于体会投球时的发力技巧与球感。

（2）活动速度的演变。初始阶段，抛球速度宜保持缓慢，随后逐步提升传球的力量与速度，从慢速投球逐渐过渡至高速投球。

（3）技术组合的演变。初学者在练习初期应专注于单一动作，随后将不同手法、跑动与活动靶向结合，进行综合练习。

（五）投掷球技术的教学与训练方法

1. 教学与训练的难点

掌握投掷球的科学发力技巧，减少肌肉拉伤的风险，并提升投掷球的精确度，是投掷球技术教学与训练中的关键难点。教学的重点应聚焦于动作的协调性与精确性，而非单纯追求投掷力量。

在进行教学训练时，必须遵循一定的顺序，以确保学习效果和安全。训练的顺序应从较慢的速度开始，逐步过渡到较快的速度。具体来说，训练的步骤应依次为：低速抛球、低速投球、低速掷球、高速投球、高速掷球。这样的顺序有助于练习者逐步适应球的速度和力量，从而更好地掌握技能。

2. 教学训练步骤

（1）讲解。教师首先阐述投掷球手法在打靶牛比赛中的应用及其技术特点，重点讲解投掷手法的运用技巧和身体协调性，以提高投掷的准确率，并增强安全意识，降低高速球带来的伤害风险。

（2）示范。教师分别展示投掷球的不同手法，边讲解边示范，让练习者从正面和侧面观察技术动作。

（3）组织练习顺序。在进行练习时，应当遵循一定的顺序，以确保动作的准确性和安全性。具体来说，练习应按照以下顺序进行。

从低速抛球开始，这是为了帮助练习者熟悉球的重量和手感，同时掌握基本的抛球技巧。

低速投球练习，这一阶段的重点是提高投球的准确性和稳定性。之后，过渡到低速掷球，这一环要求练习者在保持低速的基础上，增加力量和爆发力的运用。

高速投球阶段，此时需要在保证准确性的前提下，提升投球的速度和力量。

高速掷球练习，这是整个练习序列中的难度阶段，要求练习者在高速状态下，依然能够保持良好的控制力和精准度。

通过这样的顺序安排，练习者可以循序渐进地提升自己的技术水平。

三、折返跑技术

折返跑是打鞭牛运动的关键技术之一，对比赛结果有很大影响，能显著增强进攻效率，增加得分。运动员需在短时间内完成多次竞赛，积累优势，确保胜利。尽管场地距离短，但要求运动员快速、专注且敏捷地躲避攻击（见图 2-22），这是一项挑战速度、敏捷性和心理素质的任务。运动员必须具备良好的身体和心理素质，以应对比赛中的各种情况和对手策略。折返跑考验体力和智慧，只有在速度、技巧和心理上达到平衡的运动员才能在比赛中获胜。

图 2-22　躲避攻击

打鞑牛

（一）技术规范

1. 起跑阶段。运动员应采取站立式起跑姿势，身体略向前倾，腹部收紧，胸部内含，确保身体重心位于前方。起跑时，应将起跑脚对侧手臂弯曲并置于胸前，以便更有效地控制身体平衡。一旦听到起跑信号，运动员应迅速作出反应，摆脱静止状态，以最快的速度向前冲刺。

2. 加速阶段。在起跑后的加速阶段，运动员需增加摆臂的幅度与频率，并相应提升抬腿的力量。此阶段，蹬地腿的后蹬动作应充分且有力，以保证身体维持前倾姿态，从而确保速度的持续增长。运动员应通过摆臂与抬腿的协调配合，保持身体在加速过程中的稳定性。

3. 途中跑阶段。在比赛的途中跑阶段，运动员应保持恰当的跑步姿势。这包括确保大腿与小腿屈膝紧密叠合，以保证跑步动作的流畅性和效率。运动员应尽量保持身体呈直线，避免不必要的左右摆动。摆动应自然，以减少能量的损耗。在着地时，运动员应确保脚步方向正确，落地时应轻盈并具有弹性，以便有效吸收冲击力，降低疲劳感，保持跑步节奏的稳定性。

4. 冲刺阶段。在接近终点的冲刺阶段，运动员需进行全力冲刺，以最快速度完成比赛的最后阶段。在这一阶段，运动员应增加步伐的幅度和摆臂的力量，以确保在最短时间内冲过终点线。运动员应集中所有精力，调动身体的每一部分，发挥出最大的速度和力量，以取得最佳的比赛成绩。

（二）注意事项

1. 充分热身。为了确保在比赛中的表现能够达到最佳状态，进行充分的热身是非常重要的。在赛前，运动员们应该花足够的时间进行各种热身活动，例如高抬腿、热身操等，这些活动可以帮助身体逐渐适应即将到来的高强度运动。通过这样的热身，可以有效地预防比赛中可能出现的腿抽筋等症状，从而确保运动员能够在比赛中发挥出最佳水平，避免因身体不适而影响比赛成绩。

2. 练习技术。通过各种专门的练习方法，例如反复进行放松的大步跑、同步并列跑等，不仅有助于增强肌肉力量和协调性，还能帮助练习者更好地掌握跑步节奏和姿势，从而提高跑步效率，减少受伤风险。通过持续的练习和调整，练习者可以在跑步过程中更加自如地控制身体，达到更好的运动表现。

3. 控制运动量和强度。运动量应根据个人体能合理安排，避免过度训练导致疲劳和损伤。训练中应逐步增加强度，同时确保身体恢复。放松能力对提高运动表现至关重要，尤其是在跑步中，它有助于提高能量利用效率，减少肌肉紧张和疲劳，降低受伤风险。训练时应注重动作的放松和协调。

4.观察能力。观察能力在运动中非常重要，尤其是在短跑时，练习者需要在快速移动中注意周围环境，这有助于练习者随时了解对手的位置和动向，作出及时反应。特别是在打鞭牛的短跑中，练习者需要留意鞭牛球的动向，避免成为目标。培养这种能力可以让练习者更好地控制比赛节奏，提升比赛表现和成绩。

（三）跑动练习与训练方法

跑动训练的关键在于快速完成全程比赛并有效管理体能。运动员需在高强度运动中合理分配体力，保持比赛关键时刻的最佳状态。同时，要培养快速判断场上形势的能力，作出及时准确的决策。这要求运动员有良好的体能、专注力和战术意识，以发挥最佳水平。

（四）短跑练习

1.练习形式与方法。

（1）具体要求。初步体会短跑不同阶段的运动技巧，纠正平时不科学的跑步动作。练习者需要在教练的指导下，逐步掌握起跑、加速、匀速、冲刺等各个阶段的正确姿势和发力方法。通过反复练习，逐步纠正错误动作，形成正确的肌肉记忆。

（2）注意事项。练习时身体要放松，体会起跑、加速、匀速、冲刺变化。在练习过程中，练习者应保持身体的放松状态，避免过度紧张导致动作僵硬。通过专注于各个阶段的动作变化，练习者能够更好地掌握短跑的节奏感，提高整体表现。

2.练习目的与作用。

通过观察短跑发力正确动作，练习者可以在教师的带领下，熟悉和掌握短跑技巧。这一过程不仅有助于提高短跑成绩，还能增强身体素质，提升爆发力和协调性。通过反复练习，练习者能够更好地理解短跑的发力原理，从而在比赛中发挥出最佳水平。

3.练习要素的变化。

（1）活动方式的变化。初学者开始了解站立短跑准备姿势，然后熟悉加速体态与发力方法，到匀速行进、冲刺，以及缓速停止的变化。在练习过程中，练习者将逐步经历从静止到运动的各个阶段，从最初的站立准备姿势开始，逐步过渡到加速、匀速行进、冲刺，最后学会如何缓速停止。这一系列动作的变化有助于练习者全面掌握短跑的技巧。

（2）技术组合的变化。初学者开始练习时应熟悉单个环节，然后将其组合，形成变速跑相互切换状态。在初期，练习者需要单独练习起跑、加速、匀速、冲刺等各个环节，确保每个环节的动作都达到标准。随着练习的深入，练习者需要将这些环节组合起来，形成一个连贯的变速跑过程。通过这种技术组合的练习，练习者能够更好地适应比赛中的各种情况，灵活应对不同的速度变化。

【课程资源】

发球技术规范与练习

投掷球技术规范与练习

折返跑技术规范与练习

任务三 打鞭牛竞技策略

一、攻守方任务职责

在打鞭牛竞技中，从技术层面可以将运动员划分为两个主要部分。

1. 进攻方。进攻方的主要战术包括击球与快速往返跑动，发球手需尽可能地延长球在空中的停留时间。团队成员在击球后应迅速完成往返跑动，并以灵活的躲避技巧应对对方的回球。队员们必须拥有迅速的反应能力和敏捷性，以实现战术目标。

2. 防守方。防守方的核心职责在于迅速捡起球并发起反击，通过精确的投掷来打乱进攻方的节奏。队员们必须具备高度的团队协作和迅速的反应能力，以便在进攻方击球后迅速组织反击。此外，防守方还需精通投掷技巧，以便在关键时刻准确投掷，破坏进攻方的攻势。

二、攻守方角色定位

在比赛过程中，每个队员都有各自的角色，具体角色定位如下。

1. 攻击方。由发球手与跑手构成。

发球手的主要职责是准确击球，确保球既远且准，其发球后也要完成跑手任务。

跑手则在击球后迅速在场地内移动，从发球线至牛铃处，再安全返回，以争取得分。跑手必须具备快速奔跑的能力与战术意识，以应对防守方的策略并确保任务安全完成。

2. 防守方。由投掷手与捡球手组成。

投掷手的主要任务是精准投球，以阻止对方得分。投掷手必须具备强大的臂力与控球技巧。

捡球手则负责迅速回收球，并将其传递给队友，以创造攻击机会。捡球手必须反应敏捷且移动迅速，以确保战术的有效执行。

三、竞技攻防策略

（一）角色与职责

1. 发球手。在击球过程中，发球手应考虑球的落点，使其远离发球台，以延长守方捡球时间，防止球被截取，从而为自己及队友争取更多时间。发球手需综合考虑多种因素，确保比赛优势。

2. 进攻跑手。比赛开始时，进攻跑手需迅速冲向并接触牛铃支架，然后快速撤退以避开对方防守。这需要队员具备极高的速度和敏捷性，以便在短时间内完成任务并保护自己。

3. 捡球手。捡球手在比赛中扮演着较为重要的角色，他们必须具备敏锐的反应能力、专注力和判断力，需要时刻观察球的运行轨迹，预判球的走向和落点，以方便第一时间捡拾到鞄牛球。

捡球手在捡球后要迅速准确地将球递给投掷手，以便投掷手发起鞄牛球攻击。他们必须选择合适的传递方式，确保投掷手能顺利接球。捡球手和投掷手之间的默契是防守成功的关键因素，任何小错误都可能导致错失防守机会。

4. 投掷手。投掷手在比赛中扮演关键角色，需集中注意力，观察队友和跑手的位置和传递来的鞄牛球。他们必须时刻准备接球，并密切监视跑手，迅速作出反应，找到最佳攻击目标，确保攻击准确。

（二）攻击阶段攻防策略

1. 第一次攻击。所谓第一次攻击是指发球后，守方队员捡拾鞄牛球，传递给投掷手，投掷手发动第一次攻击的阶段。

（1）投掷手。接到鞄牛球后，投掷手要迅速发起攻势，主要目标是精确命中正在往返跑的攻击方队员。通常是瞄准目标上半身，但是若失误球飞得太远，会妨碍捡球手回收。因此，投掷手也可选择攻击目标下半身，尤其是腿部，以缩短飞行距离。攻击方向受限于场地布局，面向击球方可减少捡球时间。投掷手必须快速决策，避免长时间瞄准。

（2）跑手。往返跑环节中，在投掷手发动第一次攻击前，跑手是安全的，应当在此期间快速接近牛铃架，尽早完成触碰并绕过牛铃架的动作。

要观察投掷手是否拿到鞄牛球，往返跑的同时观察投掷手动作，判断自己是否是被攻击的对象，并采取躲避策略。

2. 第二次攻击。

（1）投掷手。应遵循初次攻击的战术原则。在接到鞄牛球后，应迅速进行瞄准并发起攻击，确保鞄牛球在手上的时间不超过 12 秒。

（2）捡球手。必须确保二次攻击的及时性，以保持防守方的高频率攻击。捡球手的策略应专注于迅速拿到鞄牛球，并准确传递，以减少攻击间隔时间。

（3）跑手。在奔跑过程中，应同时注意规避对方的攻击。

（三）营救阶段攻防策略

1. 发球手。一旦成功击中鞭牛队员，就迫使对方进入了营救状态。此时，发球手需要根据既定的击球策略，不仅要巧妙地躲避鞭牛球的攻击，还要尽可能地救助陷入困境的队友。在场上，发球手必须特别留意投掷区内的投掷手，通过观察其投掷动作和预测鞭牛球的飞行轨迹，以便更有效地规避危险，确保自身和队友的安全。

2. 投掷手。投掷手拥有多样性战术，可选择早期攻击或等待最佳时机。最佳时机通常是对方营救人员暴露时，此时精准打击可延缓对手进攻，为己方争取优势。灵活运用战术，投掷手能在关键时刻为团队创造有利局面。

【课程资源】

打鞭牛游艺的竞技策略

任务四　训练保护与损伤应急处理

在进行打鞭运动的过程中，运动员可能会遇到各种各样的损伤问题。为保障运动员的安全与健康，掌握运动损伤的成因、种类并实施相应的预防及治疗措施很有必要。

一、常见损伤原因与防治

（一）受伤种类

受伤可根据性质及严重程度进行细致划分，常见的受伤类型包括肌肉拉伤、关节扭伤、骨折等。这些不同类型的受伤各具特征及治疗方案，因此，对其有所了解能够帮助我们采取更为有效的治疗及预防策略。

（二）受伤成因

受伤的原因多种多样，包括但不限于训练强度过大、准备活动不充分、技术动作不正确以及身体素质不足等。训练强度过大可能导致肌肉和关节承受过大的压力，从而引发受伤。准备活动不充分则可能导致肌肉和关节的柔韧性不足，容易在运动中受伤。技术动作不正确会增加身体某些部位的负担，导致局部受伤。而身体素质差则会使身体在面对各种运动负荷时显得脆弱，容易受伤。

二、运动员自我保护

1.自我保护的重要性。运动员需掌握自我保护技巧，确保安全。这涉及正确使用装备，采取保护性姿势，以及避免高强度运动中的过度疲劳和受伤。

2.认真做好准备活动。运动员在训练或比赛前应进行充分热身，包括热身运动、拉伸和轻度技能练习，以提高肌肉弹性，减少受伤风险，确保身体各部位准备就绪，迎接高强度运动。

3.加强全面身体锻炼。通过全面的身体锻炼，可以提高运动员的整体素质，增强肌肉力量和柔韧性，从而降低受伤的可能性。全面锻炼包括有氧运动、力量训练、灵活性训练和协调性训练，这些训练有助于提高运动员的身体耐力、爆发力和平衡能力。

4.掌握自我保护方法。运动员需掌握自我保护技巧，包括摔倒时的正确姿势和快速起身方法，以防止紧急情况下的伤害。减少日常训练中的损伤，提升运动表现。

5.合理科学地安排训练负荷与过程。教练员应根据运动员的实际情况，合理安排训练负荷和过程，避免过度训练和疲劳积累。这包括制定科学的训练计划，合理分配训练时间和休息时间，避免因过度训练而导致的长期疲劳和潜在的运动损伤，确保运动员保持最佳状态。

6. 加强易伤部位的训练与损伤部位治疗。针对运动员容易受伤的部位，如膝盖、手腕等，进行专门的训练和强化，同时在受伤后及时进行治疗和康复。这包括通过针对性的力量训练和柔韧性训练来加强这些部位的稳定性，以及在受伤后采取及时有效的治疗措施，如物理治疗、药物治疗和康复训练，以确保运动员能够尽快恢复并重返赛场。

三、体能训练

1. 一般体能训练。进行体能训练的主要目的是增强运动员的心肺功能、耐力和力量。这些训练能够为运动员的专项训练奠定坚实的基础，确保他们在高强度的竞技比赛中能够保持最佳的体能状态，可以更好地应对比赛中的各种挑战。

2. 专项体能训练。专项体能训练有助于提高运动员的反应速度、协调性和平衡能力。这些训练能够显著提升运动员在比赛中的竞技表现，使他们在关键时刻能够迅速作出反应，准确地完成每一个动作，可以更好地掌握比赛节奏。

3. 身体形态训练。关注并训练运动员的身体形态是非常重要的。通过有针对性的训练，可以改善运动员的身体比例和姿态，这不仅能够提升他们的外观形象，还能增强运动表现。良好的身体形态可以使运动员在比赛中的动作更加灵活自如，从而在竞技场上取得更好的成绩。

4. 体能热身活动。在训练或比赛前进行体能热身活动是非常关键的。热身活动有助于激活肌肉和关节，提升运动表现，预防运动损伤，确保运动员以最佳的状态参与到训练或比赛中，从而发挥出最佳水平。

5. 耐力素质训练。长跑和间歇训练是增强运动员耐力的有效方法。这些训练能够帮助运动员在长时间的比赛中保持良好的表现和稳定的竞技状态，避免体能问题影响比赛成绩。

6. 速度素质训练。短跑和冲刺训练是提升运动员速度的有效方法。这些训练能够显著增强运动员在比赛中的爆发力，帮助他们在关键时刻超越对手，掌握比赛的主动权，更好地应对各种突发状况。

7. 力量素质训练。举重和抗阻训练是增强运动员力量的有效方法。这些训练能够提升运动员在比赛中的对抗能力，帮助他们在激烈的对抗中取得优势，更好地应

对各种挑战，从而增加获胜的机会。

8.灵敏素质训练。敏捷性训练和变向跑等是提升运动员灵敏素质的有效手段。这些训练能够增强运动员在比赛中快速反应和应对突发状况的能力，使他们在竞技场上能够更好地应对各种挑战，在比赛中更好地发挥自己的优势。

9.柔韧素质训练。拉伸和瑜伽训练是增强运动员柔韧性的重要方法。这些训练能够减少肌肉和关节的僵硬，降低受伤风险，保持运动员在高强度训练和比赛中的身体状态。

【课程资源】

训练保护与损伤应急处理

思考与练习

一、填空题

1. 在打鞭牛运动中，牛响板通常由_____或其他适宜材料制成，长度通常约为_____厘米，便于单手操作。

2. 发球技术规范要求鞭牛球在空中的停留时间要_____，飞行距离要_____。

3. 投掷球技术依据手法不同，可以细分为_____、_____和_____三种。

4. 在打鞭牛运动中，高速球技术更侧重于_____与_____的协同作用。

5. 短跑练习要求练习者在教练的指导下，逐步掌握起跑、_____、匀速、冲刺等各个阶段的正确姿势。

6. 打鞭牛竞技策略中，防守方的主要任务是迅速拾取散落的球，并通过精准的_____对进攻方进行反击。

二、选择题

1. 牛响板的正确握持方式是（　　　）。

　　A. 手掌与手指需完全包覆牛响板的柄部　　　B. 虎口应正对骨板的侧边

　　C. 手指应自然伸直　　　　　　　　　　　　D. 所有上述

2. 发球器的踏柄在操作时应朝向的方向是（　　　）。

　　A. 朝向自己　　　　B. 朝向对方　　　　C. 任意方向　　　　D. 所有上述

3. 牛铃架的正确使用方法是（　　　）。

　　A. 仅触碰牛铃架即可　　　　　　　　　　B. 必须触碰并绕过牛铃架

　　C. 绕过牛铃架即可　　　　　　　　　　　D. 无须绕过牛铃架

4. 打鞭牛非物质文化遗产游艺的技术动作包括（　　　）。

　　A. 发球技术　　　　B. 抛球技术　　　　C. 往返跑技术　　　　D. 所有上述

5. 投掷球技术中，高速球技术侧重于（　　　）。

　　A. 手臂力量　　　　　　　　　　　　　　B. 腰部力量

　　C. 腿部与腰部的协同作用　　　　　　　　D. 脚部力量

6. 打鞭牛运动中，进攻方的主要职责是（　　　）。

　　A. 拾取球并投掷　　　　　　　　　　　　B. 往返跑与躲避球

　　C. 组织防守　　　　　　　　　　　　　　D. 指导比赛

7. 防守方在打鞭牛运动中需要具备的能力有（　　　）。

　　A. 良好的协作能力　　　　　　B. 快速的反应速度

　　C. 精准的投掷技巧　　　　　　D. 所有上述

8. 训练保护与损伤应急处理中，常见损伤原因包括（　　　）。

　　A. 训练强度过大　　　　　　　B. 准备活动不充分

　　C. 技术动作不规范　　　　　　D. 所有上述

三、判断题

1. 使用牛响板时，避免用力过猛，以免手腕灵活性和动作流畅性受损。（　　　）

2. 发球器的踏柄在操作时可以随意朝向任何方向。（　　　）

3. 打鞭牛运动中，进攻方只需躲避球，无须进行其他动作。（　　　）

4. 短跑技术规范中，起跑信号发出后运动员应保持静止。（　　　）

5. 训练保护与损伤应急处理中，损伤原因不包括训练强度过大。（　　　）

四、简答题

1. 简述打鞭牛运动中发球技术规范的三个主要环节。

2. 简述为什么在打鞭牛运动中，投掷手的精准投掷对防守方来说至关重要。

第三部分　实训篇

项目　打鞋牛非物质文化遗产项目的实践

导读

本实践项目的目的在于通过实际操作活动深化学生对打鞋牛非物质文化遗产的认识与体验。通过亲身参与打鞋牛这一传统体育活动，在深入探究其历史渊源、文化内涵及其在当代社会的继承与发扬的基础上实践技能，创新思维，体验传统体育的独特魅力，为保护和传承非物质文化遗产贡献个人力量。

实训任务

1.研究打鞋牛的历史起源和演变过程，探讨其在不同历史时期的社会功能和文化价值。

2.学习打鞋牛的基本规则、技巧和比赛形式，通过实际操作掌握这项运动的基本技能。

3.分析打鞋牛在当代社会的传承现状，讨论如何有效地保护和推广这一非物质文化遗产。

4.设计并实施一次小型的打鞋牛推广活动，提高公众对打鞋牛活动的认识和兴趣。

任务一　打鞭牛技艺历史与文化价值探究

【任务目标】

1.搜集并整理打鞭牛技艺的历史资料，包括起源、发展过程以及技艺特点。

2.分析打鞭牛技艺在当地社会文化中的地位和作用，探讨其对当地经济、文化的影响。

3.调研打鞭牛技艺的现状，包括传承情况、面临的挑战和保护措施。

4.撰写一份调研报告，总结打鞭牛技艺的历史价值、文化意义以及对现代社会的启示。

【实训内容】

1.文献回顾。通过图书馆、文化馆、在线数据库等渠道，搜集关于打鞭牛技艺的历史文献、学术论文和相关报道。

2.实地考察。前往实地，访问当地的老艺人、文化工作者，收集第一手资料。

3.访谈记录。对技艺传承人、当地居民进行访谈，了解他们对打鞭牛技艺的看法和感受。

4.数据分析。整理收集到的资料，分析打鞭牛技艺的历史演变、文化内涵和社会功能。

5.报告撰写。根据研究结果，撰写一份详细的报告，报告应包括引言、研究方法、历史溯源、文化价值分析、现状与挑战、保护与传承建议、结论等部分。

【提交材料】

1.一份详细的调研报告。

2.相关的图片、视频等多媒体资料。

3.访谈的录音或文字记录。

【评估标准】

1.资料的全面性和准确性。

2.分析的深度和逻辑性。

3.报告的结构和表达清晰度。

4.对打鞭牛技艺保护与传承所提建议的创新性和可行性。

任务二　打鞭牛技艺的传承与推广

【任务目标】

通过本任务，让学生深入了解打鞭牛技艺的传承现状，掌握基本的传承与推广策略，培养学生的实践能力和创新思维，为打鞭牛技艺的保护与传播贡献力量。

【实训内容】

1. 调研打鞭牛技艺的现状，包括技艺传承人、传承方式、存在的问题等。

2. 分析打鞭牛技艺的传承价值和推广潜力，探讨适合的推广方式和策略。

3. 设计一套具体的传承与推广方案，包括但不限于教育普及、媒体宣传、社区活动、旅游产品开发等。

4. 制作一份详细的推广计划书，包括目标、策略、执行步骤、预期效果评估等。

【实训要求】

1. 实训团队需由 3~5 名学生组成，鼓励跨专业合作。

2. 实训过程中需收集相关资料，进行实地考察和访谈。

3. 实训报告需包含调研数据、分析结果、推广方案及预期效果评估。

4. 实训报告需具有创新性、可行性和实用性，能够为打鞭牛技艺的传承与推广提供参考。

【提交材料】

1. 实训报告一份，包括封面、目录、正文、参考文献等。

2. 推广计划书一份，提供详细阐述推广方案。

3. 实地考察和访谈的记录、照片或其他材料。

【实训时间安排】

1. 实训准备阶段。1 周时间，完成团队组建、资料收集和初步调研。

2. 实地调研阶段。1 周时间，进行现场考察和访谈。

3. 方案设计阶段。2 周时间，完成推广方案的设计。

4. 报告撰写阶段。1 周时间，撰写实训报告和推广计划书。

5. 报告提交与评审。1 周时间，提交最终材料并准备答辩。

【指导教师】

指定一名指导教师负责本实训任务的指导工作，提供专业意见和建议。

【提交方式】

所有提交材料需以电子版形式提交至指定邮箱，并打印纸质版提交至指定地点。

【评估标准】

实训报告和推广计划书的完整性、创新性、实用性和专业性是评估的主要依据。

【其他说明】

实训过程中，学生应保持团队合作精神，积极沟通，确保实训任务的顺利完成。同时，应注重实训过程中的安全问题，确保人身安全。

请各位同学认真对待本次实训任务，积极准备，充分展现自己的能力与才华。

任务三　打鞭牛技艺实操与训练

【任务目标】

1. 学生需掌握打鞭牛的基本知识和操作方法。

2. 培养学生的团队协作能力和竞技精神。

3. 提升学生的身体素质和协调能力。

【实训内容】

1. 打鞭牛技艺介绍。学生分组参与打鞭牛活动。分解任务，以便各组能深入理解比赛规则与技术规范。

2. 技艺演示。由经验丰富的教师进行现场演示，涵盖动作要领和注意事项。

3. 实操训练。在教师的指导下，学生分组进行打鞭牛技艺的实操练习，包括攻防动作要领和技术规范。

4. 研究探讨。以小组形式研究并探讨攻防策略。

5. 角色确定。选定领队、参赛人员、裁判、教练员，所有人明确自己的角色，并按照各自的角色职责进行活动。

6. 技能竞赛。组织小型的打鞭牛技艺竞赛，以小组为单位进行，评选出最佳技艺表现者。

7. 反馈与讨论。学生分享实操体验，讨论技艺难点和改进方法，教师提供专业点评和指导。

【实训准备】

1. 准备打鞭牛所需器材，如发球器、牛响板、计时器等。

2. 安排场地，确保安全和足够的活动空间。

3. 邀请经验丰富的打鞭牛传承人进行指导。

【实训评估】

1. 通过观察学生在实操训练中的表现，评估其对打鞭牛技艺的掌握程度。

2. 通过技能竞赛的结果，评价各组学生的竞技水平和团队合作能力。

3. 通过学生的反馈和讨论，了解学生对打鞭牛技艺的理解和兴趣。

【注意事项】

1. 确保所有参与实训的学生了解安全规则，穿戴适当的防护装备。

2.在实操过程中，教师和助教必须密切监督，确保学生动作正确，避免受伤。

3.竞赛环节应注重公平公正，鼓励学生积极参与，尊重对手。

【实训总结】

1.教师总结本次实训活动的收获和不足，提出改进建议。

2.学生分享实训体验，讨论所学技艺在现代社会的应用和传承意义。

3.鼓励学生将所学技艺与体育锻炼相结合，促进身心健康。

【课程资源】

打鞭牛技艺实操与训练

任务四 打鞭牛的文化讲解

【任务目标】

通过模拟讲解员、导游、文化馆宣讲员、推介员等角色，深入了解非物质文化遗产打鞭牛的文化内涵，提升文化讲解能力，增强文化自信。

【实训内容】

（一）准备阶段

1. 收集与整理打鞭牛的相关资料。

2. 学习、分析打鞭牛相关的历史知识和文化背景知识。

3. 研究、掌握打鞭牛的技艺操作和技术规范。

4. 分析打鞭牛在现代社会的传承与创新情况。

5. 探索打鞭牛的市场推广和文化推介方法。

（二）实践阶段

1. 角色分配。根据学生兴趣和特长分配角色。

2. 编写讲解稿。每位学生根据自己的角色编写讲解稿。

3. 分角色讲解。模拟讲解员、导游和文化馆宣讲员、推介员等角色进行讲解。

4. 互动交流。模拟与游客或观众的互动，提升应变能力。

（三）反馈与总结

1. 同学互评。互相提供反馈意见，指出优点和需要改进的地方。

2. 教师点评。教师根据学生的实训表现给予专业点评。

3. 总结分享。学生分享实训心得，总结学习成果。

【实训要求】

1. 每位学生需认真准备，确保讲解内容的准确性和专业性。

2. 角色扮演时要注重语言表达和肢体语言的运用，力求生动形象。

3. 在互动交流环节中，要积极思考，灵活应对各种情况。

4. 实训结束后，每位学生提交一份实训报告，总结学习体会和收获。

【实训时间安排】

实训周期为 1 周，具体时间分配如下。

准备阶段：3 天。

实践阶段：3天。

反馈与总结：1天。

【评估标准】

1. 讲解内容的准确性和专业性。

2. 角色扮演的专业性和表现力。

3. 互动交流的应变能力和沟通技巧。

4. 实训报告的完整性和反思深度。

任务五　打鞭牛研学课程设计

【研学课程】

深入探索非物质文化遗产项目打鞭牛。

【任务目标】

1. 深度了解并全面体验非物质文化遗产项目打鞭牛，感受其深厚的文化底蕴和历史价值。

2. 通过实践，增强学生的团队协作能力和身体协调性，让学生在运动中感受团队合作的力量。

3. 深入感受传统文化的独特魅力，培养学生的文化自信和对文化遗产保护的强烈意识。

【研学内容】

1. 理论学习。详细介绍打鞭牛的历史渊源，从古代农耕文化到现代非物质文化遗产传承的演变过程，让学生全面了解其文化背景，深入剖析打鞭牛的文化内涵。教授打鞭牛的基本规则和技巧，包括动作要领、比赛规则等，为实践体验做好充分准备。

2. 实践体验。让学生在专业教练的悉心指导下，学习和练习打鞭牛的动作，感受传统文化的独特韵味。

学生将分组进行打鞭牛比赛，通过实战演练，体验团队合作的重要性，提升团队协作能力。在比赛过程中，教练针对学生的表现进行点评和指导，帮助学生提升反应速度和身体协调性。

3. 组织交流分享。学生分享自己在学习和体验过程中的感受和收获，畅谈对传统文化的理解和感悟。师生共同讨论如何在日常生活中传承和保护非物质文化遗产，提出切实可行的建议和措施。

【制作研学手册】

一、走近打鞭牛

1. 深入探究打鞭牛的起源与发展，可引用历史文献和考古发现，全面展示其历史脉络。

2. 详细介绍打鞭牛的规则与技巧，结合图片和视频，让学生更直观地了解动作要领和比赛规则。

3.分析打䖿牛的文化意义，探讨其在当地社会生活中的作用和影响，以及在现代社会中的价值。

二、实践与体验

1.详细阐述基本动作的步骤和方法，结合教练的示范，让学生熟练掌握打䖿牛的基本技能。

2.记录实战演练的过程和结果，分析团队合作的重要性，并提出改进意见。

3.通过技巧提升训练，帮助学生提高反应速度和身体协调性。

三、分享与思考

1.鼓励学生分享自己的打䖿牛体验，用生动形象的语言描述自己的感受和收获。

2.引导学生思考文化遗产保护的重要性，结合实例和数据展示非物质文化遗产传承的紧迫性和必要性。

3.鼓励学生提出创新实践的想法和建议，探讨如何在现代社会中传承和发展打䖿牛这一传统文化。

四、课程延伸

1.搜集关于非物质文化遗产的书籍和文章，引导学生深入了解非物质文化遗产的文化内涵和价值。

2.鼓励学生参与当地的打䖿牛活动和比赛，与当地人民共同感受传统文化的魅力。

3.提倡家庭传承的理念，鼓励学生在家庭中传播和教授打䖿牛技能，让传统文化得以延续和传承。

【安全提示】

1.活动过程中务必注意安全，听从教练的指导和管理，确保自身和他人的安全。

2.尊重传统文化和当地风俗习惯，保持敬畏之心，不要随意破坏或亵渎文化遗产。

3.保护环境，不乱扔垃圾、不破坏活动场地和设施，共同维护良好的研学环境。

【活动安排】

第一天上午：准备工作。

1.参观研学基地，并妥善安排参观事宜。

2.举行正式的开营仪式，详细介绍研学目标与具体安排。

3.分发研学手册，确保每位学员获得。

4.学员自主阅读打䖿牛相关内容，深化理解。

第一天下午：进行理论学习。

1. 系统阐述打瓪牛的历史渊源及其文化背景。

2. 展示打瓪牛的历史视频和图片资料，以加深理解。

3. 教授打瓪牛的基本规则与技巧。

第二天：实践体验。

1. 在专业教练的指导下，学习打瓪牛的基本动作。

2. 分组进行打瓪牛练习，教练现场指导，确保练习效果。

第三天上午：实战演练。

1. 举行小组间的打瓪牛比赛，培养团队合作精神。

2. 教练对比赛进行点评，提出改进建议。

3. 进行技巧提升训练，提高学员的反应速度和身体协调性。

4. 再次分组比赛，检验训练成果。

第三天下午：交流分享环节。

1. 学员分享打瓪牛的体验与感受，增进彼此了解。

2. 师生共同探讨非物质文化遗产文化的保护与传承途径，深化认识。

3. 小组提出创新实践的建议与想法，为非物质文化遗产传承贡献智慧。

第四天：实地参观。

1. 参观泾源县非物质文化遗产文化展示馆，了解当地非物质文化遗产文化。

2. 观看当地打瓪牛表演与比赛，感受非物质文化遗产魅力。

3. 与当地非物质文化遗产传承人交流，了解非物质文化遗产传承现状。

【研学总结】

1. 回顾整个研学过程，总结收获与体会。

2. 颁发结业证书，表彰优秀学生，激励学生继续努力。

任务六　打跑牛非物质文化遗产创新开发

【任务目标】

1. 理解打跑牛的历史背景和文化价值。

2. 掌握器械设计的基本原理和方法。

3. 学习赛制设计的基本原则和创新策略。

4. 通过团队合作，完成打跑牛器械和赛制的创新设计。

【实训内容】

1. 打跑牛文化介绍：介绍打跑牛的历史起源、发展过程及其在宁夏泾源地区的发展。

2. 现有器械分析：分析当前打跑牛器械的特点、优缺点及改进空间。

3. 赛制规则讲解：讲解现行打跑牛比赛的规则和流程，分析其合理性和存在的问题。

4. 创新思维训练：通过案例分析、头脑风暴等方法，培养学生的创新思维和问题解决能力。

5. 设计工作坊：学生分组，每组针对不同人群（如儿童、成人、老年人等），设计适合的打跑牛器械和赛制。

6. 设计方案展示：各组展示自己的设计方案，并能对所做方案给予合理的解释，由其他小组进行互评和讨论。

7. 最终方案确定：根据课程反馈和讨论结果，确定最终的创新设计方案。

【实训要求】

1. 每组需提交一份详细的器械设计说明和赛制规则。

2. 设计方案应考虑安全性、趣味性、参与性及文化传承。

3. 提交一份项目报告，包括设计思路、过程记录、团队分工和方案的可行性分析。

【评估标准】

1. 设计的创新性与实用性。

2. 考虑不同人群需求的精细程度。

3. 方案的完整性和可行性。

4. 团队合作与沟通能力。

5. 最终方案展示的表达能力。

思考与练习参考答案

理论篇

项目一

一、填空题

1. 文化瑰宝，童年记忆　2. 文化交流、全球文化　3. 吴越

二、选择题

1.C　2.B　3.B

三、判断题

1. √　2. ×　3. √

四、简答题（略）

五、论述题（略）

项目二

一、填空题

1. 力量　2. 牛角　3. 赶牛　打鞭牛

4. 河谷平原　5.2016 年

二、选择题

1.D　2.B　3.C　4.C　5.C　6.ABCD

三、判断题

1. √　2. ×　3. √　4. ×　5. ×　6. ×

四、简答题（略）

五、论述题（略）

技能篇

项目一

一、填空题

1. 鞭牛球　2. 肩胛骨　3. 杠杆　4.1　5.3 次　6.12

二、选择题

1.A   2.B   3.D

三、判断题

1.×   2.×   3.√   4.×

四、简答题（略）

五、论述题（略）

项目二

一、填空题

1.牛骨　50　2.长、远　3.投球、掷球、抛球

4.腿部、腰部　5.站立　6.传球

二、选择题

1.D   2.A   3.B   4.D

5.C   6.B   7.D   8.D

三、判断题

1.√   2.×   3.×   4.×   5.×

四、简答题（略）

五、论述题（略）

参考文献

［1］林继富.从生活智慧到文化传统：中国民间游戏起源研究［J］.原生态民族文化学刊，2016（2）：85-91.

［2］陈玉芬，韩梅.咱们的老游戏：传统民间游戏的传承与创新［M］.南京：江苏人民出版社，2022.

［3］赵会莉.牧野民俗［M］.北京：中国社会科学出版社，2021.

［4］宋俊华，李惠.非物质文化遗产蓝皮书：中国非物质文化遗产保护发展报告（2023）［M］.北京：社会科学文献出版社，2024.

［5］杨国庆.体育非物质文化遗产概论［M］.北京：高等教育出版社，2021.

［6］张斌贤，于伟.新儿童研究：第四辑［M］.桂林：广西师范大学出版社，2023.

［7］李尚.银川达人：剪出幸福"牛"［DB/BL］.（2021-01-18）http：//www.ycen.com.cn/asyc/assytj/202101/t20210118_106954.html.

附录　全国少数民族传统体育运动会

奥运会、冬奥会、残奥会等均为全球瞩目的体育赛事，然而，我国独有的全国少数民族传统体育运动会（简称"全国民运会"）同样具有深远意义。全国民运会不仅是推动民族传统体育发展的关键力量，也是展现各民族优秀文化的重要窗口。它不仅承载着身体活动与体育行为的象征意义，更蕴含着从身体到社会的深层次文化内涵，已逐渐发展成为一项制度化的全国性体育赛事。

全国少数民族传统体育运动会源于 1953 年举办的全国民族形式体育表演和竞赛大会，经过发展演变，最终形成由国家民族事务委员会和国家体育行政部门联合主办，地方承办的国家级体育赛事。每四年举办一届的全国民运会，将 1953 年在天津的首次盛会正式确定为第一届，截至 2024 年，已成功举办了 12 届。凭借其鲜明的民族性、广泛的参与性和业余性，全国民运会已成为全国范围内具有较大影响力的大型综合性体育赛事。

在运动员组成上，全国民运会以少数民族运动员为主，各省、自治区、直辖市代表团中必须包含本地区特有的少数民族运动员，并对汉族运动员的人数进行限制。竞赛项目则充分展现了各民族的独特风情与传统文化。

通过全国民运会这一平台，我们得以深入了解各少数民族的语言、生活方式和民族性格，为铸牢中华民族共同体意识提供了宝贵的理论与实践经验。

一、全国民运会的历史进程

在 2019 年 9 月 27 日全国民族团结进步表彰大会上，习近平总书记发表了重要讲话明确指出："树立和突出各民族共享的中华文化符号和中华民族形象，增强各族群众对中华文化的认同。"依据文化符号学的理论，我们深知"一切文化现象皆由符号所构筑，对任何文化现象的研究，实质上都是对符号现象的探索"。全国民运会作为一项重要的文化符号，它不仅承载着各族人民增进共识的使命，更能够将中华民族共同体意识具象化、人格化，在特定的空间和时间范围内，有效调动各民族的集体参与和共同拼搏。

（一）全国民运会的诞生

1953 年，中国人民解放军、各地协会和少数民族等代表队在天津相聚，举办首届全国民族形式体育表演及竞赛大会。此次大会旨在通过竞赛表演，推动民族文化交流，提升"民族共同心理素质"，展示各民族的异同。这是各少数民族首次在全国舞台上展示其传统体育，体现了平等地位和新型民族关系。该大会具有划时代意义，后来成为首届全国少数民族传统体育运动会，为党的民族事业留下了重要印记。

（二）涅槃重塑辉煌：全国民运会成为稳固的民族体育盛事

在 20 世纪 60 年代，受国家经济发展滞后及民族分裂势力的干扰，全国民运会一度陷入停滞。1981 年 9 月 21 日至 28 日，原国家体委、国家民委联合召开了全国少数民族传统体育工作座谈会，明确了"积极倡导、强化领导、深化改革、稳中求进"的 16 字方针，并着重强调了"全面贯彻党的民族政策，积极推广民族传统体育与近现代体育活动，增进民族团结，构筑社会主义精神文明，服务于社会主义现代化建设"的重大使命。这一方针为全国民运会的发展指明了方向，也为其后续稳固发展奠定了坚实基础。

通过政府的引导，内蒙古呼和浩特市举办第二届全国民运会，55 个民族的 593 名运动员参赛，观众达 80 万人次。1984 年，《中华人民共和国民族区域自治法》颁布，推动各民族参与集体活动。1986 年，新疆乌鲁木齐市举办第三届全国民运会，启用蓝底会旗，并确定为永久会旗。1991 年，广西南宁举办第四届全国民运会，首次邀请台湾代表团，并确立会歌《爱我中华》。

（三）国家重视与政策支持

1995 年，《中华人民共和国体育法》强调扶持少数民族体育事业。同年，云南昆明举办第五届全国民运会，新增解放军、新疆生产建设兵团代表队参赛。1997 年，教育部将"民族传统体育"设为体育学二级学科，鼓励高校开设相关课程。1999 年，北京举办第六届全国民运会，首次开通国际互联网站。2000 年，《体育改革和发展纲要（2001—2010）》提出开发民族体育资源，增进民族团结。

二、民运会作用与影响

民运会不仅体现民族团结，还保护与传承民族传统体育。2003 年宁夏银川举办第七届全国民运会，首次举办民族体育科学论文评选。2007 年广州举办第八届全国民运会，参赛人数增至 6381 人，竞赛项目从 2 项增至 15 项，成为稳固的民族体育赛事。

2011 年第九届全国民运会改革奖励机制，制定《全国少数民族传统体育运动会运动员注册与交流管理办法（试行）》，规范运动员管理。

2015 年第十届全国民运会放宽汉族参赛权限，增设民族健身操项目，体现民族大家庭的团结。

2019年第十一届全国民运会规模扩大，项目增加，曝光率提高，央视等媒体现场直播，自媒体平台积极推送，推动中国传统体育运动会走向世界。

由于国家的支持和各省区市的共同努力，全国民运会因民族性、广泛性和业余性等特色，已成为全国较有影响的大型综合性体育运动会之一，为发掘整理各民族民间传统体育形式，弘扬民族体育文化，发展民族体育事业和全民健身运动，增强各族人民身体素质，促进各民族团结等方面作出了积极的贡献。只有当各少数民族传统体育文化深深扎根于中华民族文化的主干之中，中华民族传统体育文化方能呈现出和谐统一的整体。

三、民运会的竞演模式

全国民运会，作为我国一项独特的体育赛事，其竞演模式在众多的全国性运动会中独树一帜。它不仅展现了我国丰富的民族文化和传统体育项目，更在参与人群、项目选择、竞赛形式和价值评判等方面，彰显出与众不同的魅力。

首先，全国民运会的参与人群具有广泛的包容性。与其他选拔高水平运动员参赛的运动会不同，全国民运会的参赛准入标准相对较低，旨在吸引更多对少数民族传统体育项目感兴趣的人群参与。这种低门槛的设置，不仅让更多的普通人有机会接触和体验传统体育项目，也促进了民族文化的传承和普及。

其次，全国民运会在项目选择上独具匠心。它致力于挖掘和传承我国少数民族的传统体育项目，以"传统"为基调，选择在民族地区广受欢迎、流传至今的传统体育活动。这些项目不仅具有深厚的文化底蕴，还蕴含着丰富的民族特色和地域风情。例如摔跤、赛马、射箭等项目，都是我国北方游牧民族的传统体育项目，而竹竿舞、板鞋竞速等项目，则展现了我国南方民族的文化魅力。

在竞赛形式上，全国民运会也展现出了其独特的魅力。它采用竞赛与表演项目共同发展的赛制体系，既保留了"本生态"的民族体育竞赛类项目，又鼓励挖掘和展示具有鲜明民族特色和代表性的表演项目。这种竞赛与表演相结合的形式，不仅让比赛更加丰富多彩，也为观众带来了更加直观、生动的感受。同时，这种赛制体系也促进了民族传统体育项目的创新和发展，为传统体育项目注入了新的活力。

最后，全国民运会在价值评判上也具有其独特之处。为了强化合作、淡化竞争，全国民运会在比赛的奖项设置上进行了修改，旨在通过比赛实现民族团结，推动民族传统体育的发展。这种以合作、交流为主旨的比赛氛围，让参赛选手们更加注重团队精神和文化交流，而不是过分追求比赛成绩。这种价值评判的导向，不仅有利于民族传统体育项目的传承和发展，也促进了各民族之间的团结和友谊。

四、民运会与全运会的区别

（一）条件放宽

全国民运会与中华人民共和国全国运动会（简称"全运会"），首先从赛事规模上看，两者均属于全国性的综合性体育运动会。其次在选拔机制上，全国民运会采取了相对宽松的准入门槛，使具备一定民族传统体育技能的少数民族群众均有机会参赛；而全运会则围绕"竞技能力卓越、发展潜力巨大、长远发展前景"作为选拔标准，最终根据运动员的竞技能力、竞赛排名与竞赛积分确定精英参赛选手。再者从竞技水平角度看，全国民运会的项目技能相对易于掌握，民众在日常生活锻炼中的项目即有机会参与竞赛；而全运会的竞技体育则以"更快、更高、更强——更团结"为格言，要求运动员经过长时间的极限刻苦训练。作为一种群众性的体育活动，民族传统体育欢迎任何喜爱其项目的个人，不论天赋、性别、年龄、民族、职业背景，只要他们积极参与，均有机会代表本民族、本地域参加全国民运会。

（二）项目拓展

为确保公平参与，国家体育总局、国家民委以挖掘各民族传统体育项目为主，在项目设置上呈现多元性。

1.同质性。充分考虑各民族历史文化和特色，如速度赛马在游牧民族中盛行，花炮在湘、鄂、渝、黔等地流行，代表勇敢者的游戏。

2.普及性。摔跤、射箭、赛马等项目有20多个民族参与，武术在超过10个民族中流行，普及与专业、传统与现代、民族与世界并存。

3.共通性。为推广民族体育，优先选择已形成规模、具有区域性的项目，同时考虑多地域共有的项目。如摔跤，各民族虽有差异，但都是传统体育活动，通过同一项目促进交流。

（三）赛制设置

双重赛制即竞赛项目与表演项目并进，全国民运会旨在体现"平等、团结、拼搏、奋进"的宗旨，专注于少数民族传统体育项目。

竞赛项目强调民族传统体育的竞技性，注重易评分、便推广、蕴文化、有特色、促健康的适合比赛的项目。表演项目作为正式比赛项目，展现民族传统体育文化的多样性，是体育非物质文化遗产的展演平台。各地代表队挖掘、选取当地民族传统体育活动，改编成集表演性、观赏性、娱乐性、健身性于一体的表演项目。通过表演，让观赏者领略民族文化，促进民族间的交流，更深刻诠释了"平等、团结、拼搏、奋进"的全国民运会宗旨。

（四）重在参与：重团结轻名次的颁奖舞台

"团结"是全国民运会的核心理念。在民运会中，各民族团结一心，共同追求荣誉。民运会每4年一届，轮流举办，体现公平与团结。

第九届民运会进行奖项调整，取消金、银、铜牌，设立一、二、三等奖，旨在扩大奖励面，提高参与热情，淡化金牌意识，强调团结协作。

规模与参与奖项调整增强了各地区参与民运会的信心。如第十二届全国民运会，主题为"团结奋斗、扬帆征程"，共设20个场馆，分布在海南、新疆两个赛区，包括18个竞赛项目和170个表演项目。

结语
Conclusion

　　首先，谨代表整个教材编写团队，向泾源文体部门表达最深的敬意和最真挚的感激之情，感谢你们对系列教材编纂工作给予的大力支持和无私帮助。正是因为有了你们的慷慨相助，我们才能够顺利完成这一重要的文化传承项目。

　　在此，还要特别感谢所有参与素材拍摄的工作人员，你们的辛勤付出和不懈努力是我们成功的关键。感谢吴勇、任长生、丁志辉、王小林、禹文兴、马双全、伍文广、童福成、马全文、马凤有、马小宁、马三文、赵向东、马嘉辉、洪晓涛等人的辛勤工作，你们的参与不仅为教材增添了生动的实践元素，还确保了非物质文化遗产的真实性得以传承，生动性得以展现。也感谢泾源一中于万宏老师对此次教材撰写提供的帮助。

　　通过这三本系列教材，希望能够让更多的人了解并传承宁夏泾源县的非物质文化遗产项目打毽牛、打胡墼和"赶牛"。这些传统技艺不仅承载着历史的记忆，更是我们共同的文化财富。我们期待这些教材能够激发更多人对传统文化的兴趣和热爱，让这些宝贵的文化遗产得以传承和发展。让我们携手努力，共同守护我们的文化根脉，让这些珍贵的文化遗产在现代社会中焕发新的活力，继续传承下去。